FOR2

FOR pleasure　FOR life

現代佛法十人——八

洪啟嵩
黃啟霖
主編

呂澂

當代佛學的泰斗

目錄

雜論

出版者序——一個讀者的觀點

郝明義

一

今天在臺灣，佛教是很普及的信仰。無論顯密，各門宗派，都有信眾扶持；四大山門固然如此，其他亦然。並且，即使不是佛教徒，許多人也都願意在日常生活裡親近佛法、佛經，譬如手抄《心經》。

上個世紀末，兩岸開始來往，許多對岸來訪者讚嘆中華文化的傳承在臺灣，其中也包括了佛教文化。所以，我們很容易以為從兩千五百年前釋迦牟尼說法，到一千四百年前達摩東來，再到一九四九年之後佛教在臺灣如此興盛，是一條自然的傳承之路。

事實則不然。

佛教在中國，到唐朝發展到高峰，有多種原因。一來是當政者的支持，二來有雄厚的國力，三來有出類拔萃的修行者。三者聚合，氣象萬千。

但，佛教也在唐朝經歷了滅佛的大落。其後歷代，再難有唐朝的因緣際會，也就逐漸只知固守傳統，難有可比擬的開放與創新精神進入清朝，佛教的萎靡與俗化，日漸嚴重；到了太平天國席捲半壁江山，對佛教造成進一步嚴重破壞。所以，到了清末民初之際，佛教在翻天覆地的中國已經只能在世俗化中苟延殘喘，甚至頹廢。

民初的武俠小說，寫到廟庵、僧尼，常出現一些藏污納垢的場面，可以讓人有所體會。五四運動前後，隨著全盤西化的呼聲高漲，佛教更淪為時代應該淘汰的腐朽象徵；寺產也成為各方或是覬覦侵奪、或是倡議充公興學的對象。在大時代的海嘯中，佛教幾近沒頂。

但也就在那風暴中，有些光影出現。

開始的時候，光影是丁點的，微弱的，分散的。

逐漸，光亮起來。

於是我們看到一些人物登場。

他們各有人生路途上的局限和困頓，但卻以不止歇的修行，一步步清澈自己對佛法的體認。

有人家世良好，大可走上官宦之途，卻淡泊名利，刻經講經，點燃照亮佛法的火種。

有人看盡繁華紅塵，走上自律苦行之路，成為他人仰之彌高的人格典範。

有人歷經窮困和親人死別的痛苦，在悲憤中註釋佛經，淬鍊出一家之言。

有人學歷僅至小學三年級，卻能成為「當代玄奘」。

有人穩固佛法的傳統和價值。

有人努力在現代語境和情境中詮釋修持佛法的意義和方法。
他們成長的背景不一，年齡有別，途徑有異，但他們燃燒推廣佛法的熱情如一。
在漆黑如墨的黑暗中，他們更新了過去數百年佛法一路萎靡不振的軌跡。
在狂風暴雨中，他們發出了震動大地的獅子吼。
是他們播下了種子，使佛法在接下來的戰亂年代得以繼續一路延伸支脈——直到一九四九年後來臺灣，也向亞洲以及世界開花散葉。
他們是現代佛法十人。

二

我是在一九八九年第一次看到有關這十個人的一套書。
當時，我剛接觸佛法，十個名字裡，只認識「弘一」和「虛雲」。其餘的楊仁山、太虛、歐陽竟無、印光、圓瑛、呂澂、法尊、慈航，都很陌生。
在那個對佛法的認識十分懵懂的階段，我打算先從認識的兩位開始，逐年讀一本書，認識這些人。
但時間過去了三十年，直到二〇一九年，我都只讀到第三本，認識到第三個人「太虛」而已。一方面是懶惰，總有藉口不讀；另一方面，也是因為光前三本書已經讓我覺得受用不盡。

開始的時候，我讀弘一大師和虛雲大師的書比較多。

讀弘一大師，是因為多少知道他的生平，因此對照著他紅塵繁華的前半生，讀他後半生清明如水的修行心得，當真是可以體會何謂雋永。經常一、兩句話，就能銘記在心。

讀虛雲大師，主要收穫在他的禪七開示。那真是深刻的武林祕笈，能把說起來很簡單、做起來很奧祕的心法講得那麼透徹，就算只能在門外徘徊，都覺得受益匪淺。

虛雲大師一生波瀾起伏，尤其文革時歷經紅衛兵的折磨，還能以一百二十歲圓寂，實在是傳奇。

而對第三位太虛大師，我的認識就沒那麼多。

儘管讀他的書，多年來卻一直只停留在書裡一小篇文章上。那篇文章叫〈佛陀學綱〉，是他在民國十七年一場演講內容所整理出來的，全部也不過十九頁，只占全書很小的比例。但這一小篇文章，多年來我反覆閱讀，總會得到新的提醒和啟示，又總會有新的疑問與要探究之處。

〈佛陀學綱〉，從文章標題就知道，作者要談的是每一個人如何通過學習而覺悟，向佛陀看齊的綱領。

人人皆有佛性，也就是人人皆可通過學習而讓自己的生命層次向佛陀看齊。但是太多人只想膜拜自己的上師，卻完全不敢想像自己也可能開發出有如佛陀的覺性。太虛大師講〈佛陀學綱〉，正是要提醒我們學佛的唯一目的，也解釋他所看到的途徑。

當然，多少世代的高僧大德都在做同樣的事情、多少經典在指引的都是同樣的事情，但是大約一百年前太虛大師講〈佛陀學綱〉，有格外特別之處。

《二〇〇一太空漫遊》（*2001: A Space Odyssey*）作者亞瑟．克拉克（Arthur C. Clark）說過：科幻小說的時空背景不能寫得太近，以免很快過時；但也不能太遠，以免無感。我覺得討論學佛的文章也有類似的課題：不能太通俗，以免只是對善男信女的心理勵志、道德勸化；也不能太高深，以免令人望之卻步。

〈佛陀學綱〉無論談的內容還是用的文字、抑或是概念或方法，都正好不近不遠。

我很滿足，也很忙碌，所以就停留在第三本書的這一篇文章上，一直沒有再看書裡的其他部分，當然也就更沒有動機想要再看其餘的書。

直到二〇二〇年秋天。

三

COVID-19 疫情橫掃全球，改變了每一個人的生活。

無常，成了新的常態。

社會上各個領域都在面對工作方式、生活方式的顛覆；過去穩定可靠的資源、經驗、能力，成為泡影。

我們置身一個黑暗又混亂的時代。

我相信，當外界的一切都不足恃，甚至成為干擾來源的時候，每個人都需要喚醒自己內在的覺性。

而說到覺性，當然也莫過於佛法說明的透徹。

因此我重讀〈佛陀學綱〉。也因為疫情的影響，包括差旅減免而多出時間，這麼多年來，我第一次把太虛大師那本書的其他部分也讀了。

很震撼。

震撼於太虛在書裡其他文章敘述他個人修行之路的關鍵突破時刻、他對推廣佛法種種視野與擘畫的光芒，也震撼於我自己怎麼枉守著如此寶藏三十年卻目光如豆。

我也想到：連第三本書都如此了，那其他的七本書呢？我早該認識的其他七個人呢？

同樣是克拉克在他那本小說裡說的一句話：「他們身處豐饒之中，卻逐漸飢餓至死，」說的真是我。

接下來的時間，我一方面急著狼吞虎嚥這套書，一方面也決定趕快和原編者討論，看如何把這套早已絕版的書重新出版。

四

《現代佛法十人》是洪啟嵩和黃啟霖兩位編者在一九八七年出版的書，原始書名是「當代中國佛教大師文集」。

去年讀這個系列，瀏覽十個人的身影，他們雖然都是對佛法有堅定不移的信念，但因為各自成長背景不同、行動的途徑也不同，著真在大時代裡形成了雄偉的交響樂，也各自展現了不同的力量。

楊仁山，出身於官宦世家，科舉功名就在手邊的人，卻因為偶遇一部《大乘起信論》走上終身護持、推廣佛法的路。他沒有出家，卻以自己的人脈和資源，在國內融會譚嗣同、章太炎等一時之選的學者參與佛法討論；在國際進行佛經的交換出版，以及佛教文化的國際交流。

他的「祇洹精舍」雖然只辦了短短兩年時間，就學的人數也只有僧俗十來人而已，但其中太虛和歐陽竟無兩位，分別為清末民初的出家學僧和在家佛教學者打開了新路，對接下來佛教的發展有決定性的影響。

在最深的黑暗中，最小的光亮最燦爛。楊仁山讓我見識到什麼是星星之火的力量。

太虛大師，小楊仁山大約五十歲。

他的家庭背景和成長之路，和楊仁山完全不同。自幼父親去世，母親改嫁，和外祖母一起生活長大，後來去百貨行當學徒。

太虛在十六歲出家。但出家的源起，並不是因為對佛法的渴望，而是因為當學徒的時候看了許多章回小說，仙佛不分，想要求神通。

幸好出家後得有親近善知識的機緣，走上真正佛法修行之路，終於在有一天閱讀《大般若經》的過程中，大徹大悟。

而太虛難得的是，有了這樣的開悟，他本可以從此走上「超俗入真」之路，但他卻反向而行，「迴真向俗」，要以佛學救世，並且實踐他「中國佛教亦須經過革命」的宏願。

他接續楊仁山辦祇洹精舍的風氣，持續佛學研究；創辦武昌佛學院，帶動佛教舉辦僧學的風氣；創立「世界佛教聯合會」，首開佛僧去歐美弘法的紀錄。

太虛有許多弟子，法尊、慈航都是。印順法師也是。

太虛大師讓我看到：一個已經度過生死之河的人，重新回到水裡，力挽狂瀾的力量。

歐陽竟無，比太虛大師略為年長，大十八歲。

他也是幼年喪父，家境清寒。但他幸運的是有一位叔父引領他求學，博覽經史子集，旁及天文數學。

清廷甲午戰敗後，歐陽竟無在朋友的引介下，研讀《大乘起信論》、《楞嚴經》，步入佛學，從此決心以佛法來救治社會。

他一生孤苦，接連遭逢母、姊、子、女等親人死別之痛，因而自述「悲而後有學，憤而後有學，無可奈何而後有學，救亡圖存而後有學」。

歐陽竟無因為在祗洹精舍就學過，楊仁山去世時，把金陵刻經處的編校工作咐囑於他。後來國民革命軍攻南京，歐陽竟無在危城中艱苦守護經坊四十天，使經版一無損失。

歐陽竟無不只奔走各方募資刻印經書，也在蔡元培、梁啟超、章太炎等人協助下成立支那內學院，與太虛大師所辦的武昌佛學院齊名，對近代中國佛教有著重大的影響。

歐陽竟無最讓我嚮往的，是梁啟超聽他講唯識學的評語：「聽歐陽竟無講唯識，始知有真佛學。」

後文將提到的呂澂，是歐陽竟無的傳人。

歐陽竟無，讓我看到一個人力撐巨石，卻仍然手不釋卷的豪氣。

虛雲大師的一生都是傳奇。

早年家裡一直阻撓他出家，他逃家兩次，到十九歲終於落髮為僧，進入山裡苦行十四年。接著他遇見善知識，指點他苦行近於外道，這才走上真正依據佛法修行之路。

他參訪各地，不只行遍中國，進入西藏，還翻越喜馬拉雅山，到不丹、印度、斯里蘭卡、緬甸等地。

五十六歲那一年，虛雲要去揚州高旻寺參與打十二個禪七的職事，途中不慎落入長江，差點送命，結果傷後無法擔任職事，只能參加禪七。

但也在這次禪七中，虛雲徹悟，出家三十七年後，終於明心見性。他悟後作偈：「燙著手，打碎杯，家破人亡語難開。春到花香處處秀，山河大地是如來。」從此他的修行又是另一番境界。

太虛著眼推動的是整體僧伽制度的革新，而虛雲則是聚焦在自己親自住持的寺廟進行該有的重建和整頓，掃除當時寺廟迎合世俗的陋習，同時進行傳戒、參禪、講經，以正統佛法來培養弟子。

而虛雲最特別的是：他一人兼了禪宗五門法脈，所以是不折不扣的禪宗大師。讀虛雲大師談參禪的文字，他簡潔有力的言語躍然紙上，完全可以體會何謂「當頭棒喝」。虛雲大師還有個傳奇，就是他到一百二十歲才圓寂。這還包括他在文革時曾經遭受紅衛兵四次毒打的經過。

虛雲大師展現的是一種在八方風雨中，衣帶不沾漬污的功力。

弘一大師生於一八八〇年。他的生平，大家耳熟能詳。

他前半生的風花雪月，造成他出家後對自己修行的要求也異於一般。他出家之後，「不收徒眾，不作住持，不登高座」，並且總是芒鞋破衲，飲食、起居上也是極其刻苦。中文「嚴以律己」，用在弘一身上是最好的例子。

出家人本來毋須用「風骨」來形容，但是看豐子愷等人和弘一大師的來往，看他孑然獨行的身影，總不能不想到這兩個字。

偏偏這位看來行事最不近人情的弘一大師，我相信應該也是現代佛法十人裡最為人熟知的一位。因為他廣結善緣，為人書寫偈語、對聯。

弘一在出家後，本來準備拋棄一切文藝舊業，但接受了書寫佛語來為求字人種下淨因的建議，重新提筆，也因而有了自己弘法的無上利器。

今天中文世界裡的人，無論是否學佛，總難免接觸、看過弘一大師留下或者與佛法直接相關，或者間接有關的偈語、對聯。

我自己每隔幾年就會看到他寫的一句話要，背誦一陣。像最近，就是他的「一生求佛智，精進無異念」。太虛大師對弘一大師的讚嘆是：「以教印心，以律嚴身，內外清淨，菩提之因。」

弘一大師有律宗第十一代世祖之美譽。

我看他的身影，像是單衣走在冷冽的風雪中，手中卻提了一個始終要給人引路的燈籠。

弘一大師獨來獨往，卻說有一個佩服的人，甚至親自寫信給他，說「願廁弟子之列」。

這人就是**印光大師**。

印光生於一八六一年，早年也有兩次逃家出家的紀錄；但和弘一不同的是，印光有淨土宗第十三代祖師之稱。

和弘一相同的是，印光也不喜攀緣結交，不求名聞利養，始終韜光養晦，並且一生沒為人剃度出家，也沒有名定的弟子傳人。

印光大師相信念佛往生淨土法門，是「一法圓賅萬行，普攝群機」，所以一生專志念佛法門，開示常說的話就是「但將一個死字，貼到額頭上，掛到眉毛上」。

但這麼一個但求與世遠離，把修行純粹到極點的人，卻並不是與世隔絕。

一九二三年，江蘇省提出要以寺廟興學的政策，當時六十多歲的印光大師就為了保教護寺，不遺餘力地奔走呼籲，扭轉危機。

並且，他一生省吃儉用，信眾給他的奉養，全都用來賑濟飢民，或印製佛書流通。

印光大師八十歲圓寂之時，實證「念佛見佛，決定生西」。

印光大師顯示的是精誠所至，開山鑿石的力量。

圓瑛大師生於一八七八年，略長於太虛。

圓瑛和太虛曾經惺惺相惜，義結金蘭。兩人雖然都有志於對當時的佛教進行改革，可後來步伐不同。太虛主張銳進改革，而圓瑛則主張緩和革新。

不過這絕不是說圓瑛的行動比較少。

民國建立後，兩次所謂「廟產興學」的風波，都因為圓瑛在其中扮演關鍵性角色而度過危機。

一九二〇年代，圓瑛就到東南亞各國弘法，還曾來過臺灣。

一九三〇年代，對日抗戰期間，圓瑛擔任中國佛教會災區救護團團長，組織僧侶救護隊，輾轉於各地工作，也再赴東南亞各國募款以助抗日，回上海後還一度被日本憲兵隊逮捕。

圓瑛大師博覽群經，禪淨雙修，沒有門戶之見，自稱「初學禪宗，後則兼修淨土，深知禪淨同功」，尤其對《楞嚴經》的修證與講解有獨到之處，有近代僧眾講《楞嚴經》第一人之稱。

圓瑛大師顯示的是穩定前行，無所動搖的力量。

呂澂生於一八九六年，是歐陽竟無的弟子。

一九一一年，當歐陽竟無擔任金陵刻經處編校出版工作時，當時就讀南京民國大學經濟系的呂澂常去購買佛書，因而結緣。後來呂澂退學之後，一度去歐陽竟無開設的研究部研讀佛法，再去日本短暫研讀美學後，回國擔任教職。

一九一八年，呂澂受歐陽竟無之邀，協助創辦支那內學院，從此遠離世俗，專心於佛學研究與教學。到支那內學院正式創立，歐陽竟無擔任校長，呂澂擔任學務主任，與當時太虛大師所創辦的武昌佛學院，形成為兩大佛教教育中心。

歐陽竟無對楊仁山執弟子之禮，呂澂又是歐陽竟無的弟子，三代薪火相傳，不只是佳話，也是時代明炬。

呂澂從此一直陪伴歐陽竟無，除了度過北伐軍占領內學院的危機，抗戰時期還把內學院藏書與資料遷移到四川。歐陽竟無去世後，呂澂繼任院長。直到中共取得政權後，一九五二年內學院才走入歷史。

呂澂智慧過人。他自修精通英、日、法、梵、藏、巴利語，研究佛學的視野寬廣，當時無人能及。也因此，呂澂的譯著和著作俱豐；不但能寫作入門書籍，也能有深入研究的專門論述，解決許多佛教遺留的歷史問題。

因為呂澂字「秋子」，歐陽竟無也稱他為「鶖子」。「鶖子」是釋迦牟尼佛十大弟子中智慧第一的舍利弗的華文譯名。

呂澂讓人看到燦爛奪目的火炬之美，與力量。

法尊法師生於一九〇二年。

法尊留給後人的也是驚異與讚嘆。

他本來只有小學三年級的學歷，出家後成為太虛大師創辦的武昌佛學院第一期學僧，之後他不畏艱險去西藏留學十二年，讓自己的藏文造詣登峰造極，經論也通達顯密，因而有「當代玄奘」之譽。

法尊法師對漢藏文化交流的貢獻，不是單向的。他不只是從藏文翻譯了重要譯作如《菩提道次第廣論》、《密宗道次第廣論》、《宗喀巴大師傳》等書，尤其值得一提的是他花了四年時間，把兩百卷的《大毘婆沙論》從漢文譯為藏文。

雖然他原訂要再譯為藏文的一百卷《大智度論》並沒有進行，但光是把《大毘婆沙論》從漢文譯為藏文已經是不滅的事蹟。

法尊法師讓人看到像是一個人在巨大的冰山前，融冰為水的力量。

慈航法師生於一八九五年，也是太虛大師的門下。

他家境貧寒，父母早逝，跟人學習縫紉，因為常去寺院縫僧衣，羨慕出家人，因此起了出家的念頭。

但因為他沒讀過什麼書，所以出家十多年，還沒法讀懂佛經。後來，他發憤苦讀唐大圓編撰之《唯識講義》，自修多年終於精通唯識。

之後，慈航法師跟隨太虛大師至各處弘法，從中國而南洋各地。尤其一九三九年之行，太虛大師返國後，慈航法師繼續在南洋弘法十多年，所到之處，皆倡議創辦佛學院、佛學會。

一九四七年太虛大師圓寂後，慈航法師用「以佛心為己心，以師志為己志」來表達他對太虛大師「人間佛教」的追隨及實踐。

到一九四八年，慈航則決定來臺灣開辦佛學院，是當時來臺灣傳法的先行者。在那個年代，這條路當然有風險。因為從大陸來投靠慈航法師的學僧多起來，他一度被舉報匪諜而被捕。

慈航法師出獄後繼續在臺北日夜開講不同的佛經，感動多方發心捐助成立彌勒內院，禮請慈航法師主持，而終於使他和大陸來臺學僧都得到安頓。

慈航法師講學內容包括《楞嚴經》、《法華經》、《華嚴經》、《成唯識論》及《大乘起信論》等諸經論，使得彌勒內院成為一時最具影響力的佛學教育中心。

一九五四年，慈航法師於關房中安詳圓寂。他示寂前要求以坐缸安葬，五年後開缸。而五年後大眾遵囑開缸，見其全身完好，成就肉身菩薩。

慈航法師讓人見識到水滴成流，匯流出海的力量。

五

感謝洪啟嵩和黃啟霖兩位佛弟子在當年就有識見與能力，收納、編輯了這十個佛教關鍵人物的文集。

三十年來我以讀者身分受益，今天很榮幸有機會以出版者身分為大家介紹《現代佛法十人》。

希望大家也都能找到屬於自己的啟發。

《現代佛法十人》編者新序

洪啟嵩

一切故事，開始於兩千五百年前，佛陀在菩提樹下的悟道。

佛法是什麼？佛法即是緣起法，這是佛陀在菩提樹下，所悟的真諦實相，淨觀法界如幻現空，行於世間而無所執著，即是中道。

佛法是法界實相，非三世諸佛所有，佛法超越一切又入於一切。正因為佛法的空性、無執，使其在傳播的過程中，柔軟地和不同時空因緣結合，呈現出豐富多元的覺性風貌。

佛陀對一切文字平等對待，鼓勵以方言傳法，歡喜大家使用各自的語言情境習法。如《五分律》中說：「聽隨國音讀誦，但不得違失佛意。」

因此，讓諸方文字的特性，成為覺的力量，以「文字般若」導引「觀照般若」而成就「實相般若」，才是佛陀的原意。對於佛陀而言，能開悟眾生的就是佛陀的語言。在漢傳佛教浩瀚廣博的經藏法要中，我們看到這個精神的具體實踐。

而其中所謂成為「文字般若」的語言，必須具有三種特性：一、準確性，能傳持佛法依準其意而不失。二、鏡透性：能鏡透佛法體性，將其實相內義清明鏡透。三、覺動性：精準其語，鏡透於義，並能成為驅動眾生自覺自悟的力量。

漢傳佛教中，對這樣的「文字般若」特性，一直保持著良好傳承。這可以從三個面向來談：

一、漢傳佛教擁有最悠遠長久而無中斷的傳承。

相對於中國佛教，印度佛教的傳承是最原始的，但可惜在一二〇三年傳承中斷了。而斯里蘭卡從阿育王子摩哂陀於西元前二四七年，將佛法傳入之後，雖然也有很長的歷史，但可惜於十六世紀受到葡萄牙、荷蘭等殖民而中斷過。而漢傳佛教是長遠不斷並且對於教法能清楚明記。

二、漢傳佛教擁有世界佛教教法的總集，有著最完整的般若文本。

如大乘佛教中，龍樹菩薩最重要修法傳承的《大智度論》百卷及部派佛教中說一切有部最完整重要的論本《大毘婆沙論》兩百卷，梵本皆已佚失，只剩下漢文傳本。而漢傳佛教擁有各部派與大乘佛教的最完整文本。

三、漢傳佛教擁有佛法開悟創新的活泉。

唐代對佛法的會悟闡新，可視為漢傳佛教開悟創新活泉的代表。如六祖慧能所開啟的南宗傳承，直到當代世界依然傳持不斷，前期如有世界禪者之稱的鈴木大拙，及近期的越南一行禪師，皆出於南宗臨濟禪門，在世界上有其強大的影響。而在《現代佛法十人》系列的大師們，更讓世人明見，在清末民初全球動盪的大時代，為了紹承佛法，守護眾生慧命，摩頂放踵、為法忘軀的大師身影。

*

佛教自宋、元、明、清以來，成長已成停滯，甚至每況愈下；尤其明、清以降，只知固守傳統，失去了佛法的開創精神，日益衰微。到了咸豐初年到同治年間更受到太平天國的致命打擊，幾至滅亡。因為太平天國諸王雖不精純於基督教的純正信仰，卻能在「消滅異端」上發起絕然的聖戰。太平天國攻克六百餘座城市，勢力遍及十八省，這些以中國東南一帶為主的地區，原是清朝佛教的精華區域，結果卻在奄奄一息中又受到了致命的打擊。

如此來到清末的大變局，佛教相當於遭逢大時代的海嘯，不只無法適應，更幾至崩解。

就外部而言，在時代環境求新求變的要求下，佛教淪為老舊的象徵；而匹夫無罪懷璧其罪，歷代累積而來的龐大寺產，也成為社會覬覦、侵奪的對象。因此自清末以來廢教之議屢見呼籲；而「廟產興學」，也在清末、民初成為政府與民間名流所流行的口號。此時的寺院不僅傳教無力，甚至連生存都成了問題。

就內部而言，佛教秉持著歷來的殘習，失去了佛法的內在精神與緣起妙義的殊勝動能，只知抱殘守缺，但以儀式為師。明、清以來，佛教的頹敗、陳腐與俗化，以及對時勢潮流與大眾需求的蒙昧，此時更達到極點。然而，也就在這種波瀾壯闊、風雲萬端的時代裡，漢傳佛教出現了一些偉大的英雄人物。他們認知到佛教必須另開新局，力挽狂瀾。

偉大的宗教心靈是社會的最後良心，也是生命意義的最終指歸。

因此在一九八七年，我和黃啟霖第一次編纂這套書的時候，首先是因為站在那個時刻反省佛教和當代文明的互動時，回首上世紀初那些人物曾經走過的路程，對他們示現的氣魄與承擔，深有所感。

所以我們選擇了十位對當代佛教影響深遠的大師文集，編輯出版，呈現出他們在風雨飄搖的時代，波瀾壯闊的風範；也因而可以讓後世的佛教徒認知他們做過的努力，進而呼應他們的召喚，為佛法傳播的歷史進程盡一份心力，幫助一切生命圓滿覺悟。

這就是我們編纂《現代佛法十人》這套書的根本動機。

＊

在本系列中，我們選取了楊仁山、太虛、歐陽竟無、虛雲、弘一、印光、圓瑛、呂澂、法尊、慈航等十位大師，作為指標人物。

這十位大師各有其重要的貢獻及代表性。

一、楊仁山：被譽為「現代中國佛教之父」，開創了當代佛教研究新紀元的劃時代大師。

二、太虛：提倡人生佛教，發揚菩薩精神，開創佛教思想新境界，允為當代最偉大的佛教大師。

三、歐陽竟無：窮真究極，悲心澈髓，弘揚闡述玄奘系唯識學，復興佛教文化不世出的大師。

四、虛雲：修持功深，肩挑中國佛教四眾安危，不畏生死，具足祖師德範，民國以來最偉大的禪門大師。

五、弘一：天才橫溢，出格奇才，終而安於平淡，興復律宗，民國以來最偉大的律宗大師。

六、印光：孤高梗介，萬眾信仰，常將死字掛心頭，淨土宗的一代祖師。

七、圓瑛：宗教兼通，保寺護教，勞苦功高傳統佛教的一代領袖。

八、呂澂：承繼歐陽唯識，自修精通英、日、法、梵、藏語，民國以來佛學學力無出其右的大師。

九、法尊：溝通漢藏文化，開創中國佛教研究新眼界的一代佛學大師。

十、慈航：以師（太虛）志為己志，修持立學，開創臺灣佛教新紀元的大師。

十人中以楊仁山為首，是因為在傳承上，民國以來的佛教界，有兩大系最受到海內外的重視，也發生最大的影響。

其一是以太虛為中心的出家學僧，法尊、慈航都是太虛的弟子。

其二是以歐陽竟無為中心的在家佛教學者，呂澂是歐陽竟無的弟子。

而太虛與歐陽竟無皆同從學於楊仁山的金陵祇洹精舍，也可說同出一系。所以對近代中國佛教深有研究的美國學者唯慈（Holmes Welch），稱楊仁山為「現代中國佛教之父」。

而虛雲、弘一、印光與太虛同稱民初四大師；圓瑛長於太虛，並曾相與結為兄弟，雖然其後見解各異，圓瑛仍為傳統佛教的一代領袖。

這樣就可以理解這十位大師在漢傳佛教歷史上的重要地位。

如果再延伸來到臺灣的法脈，他們的影響力就更清楚了：

聖嚴法師系出東初禪師，而東初是太虛的弟子。

星雲法師曾就讀於焦山佛學院，當時學院的院長是東初禪師。

證嚴法師系出印順長老，而印順是太虛的弟子，並受戒於圓瑛法師。

惟覺法師系出靈源長老，而靈源是虛雲大師的弟子。

*

一九八七年編輯這套書的構想，到今天我們依舊感受鮮明。

臺灣佛教承受民初這些大師的因緣，有了極大的發展，在世化的推廣上，也十分蓬勃。但是當前人類和地球都面臨嚴酷的生存課題，太空世紀也即將開啟新的挑戰，所以我們深信唯有佛法能為這些課題和挑戰開啟新的覺性之路，也深信今天的佛教徒要在內義與實證上都開創出更新的格局。

也正因為漢傳佛教特有的歷史傳承，站到這個新的時代關鍵點上，所以在此刻回顧這十位大師的精神和走過的路，格外有意義。

我們一方面向這些大師所做的傳承致敬，也祈求透過閱讀他們的文字與心得，能讓自己從佛法中悟入更高遠的修證，能在人類、地球、未來最關鍵的時刻裡，找到可以指引新路的光明，也是新的覺性文明！

在此特別感謝郝明義先生，在其倡議下，重新出版這套《現代佛法十人》文集，承繼與呼應新時代的佛法精神。新版的《現代佛法十人》，加入大師們的生平簡傳，並在每篇文章、書信都註明原始出處，並統一重新設計、排版、標點。

《現代佛法十人》的出版，除了向十位大師致敬，也希望這套書能成為現代人覺性修行之路的新起點。

近代中國佛學研究大家——呂澂

承繼歐陽唯識，自修精通英、日、法、梵、藏語，當代佛學學力無出其右的佛學大師

呂澂生於一八九六年，江蘇丹陽人，本名呂渭，後改為呂澂，字秋逸（秋一、鷲子）。高中原來讀農，肄業後考入南京民國大學經濟系。

呂澂的胞兄是江蘇名畫家呂鳳子，好佛學喜繪佛像，常至金陵刻經處聽楊仁山講授佛法，並將所聞複述於呂澂，遂開啟呂澂學佛之路。當歐陽竟無在一九一一年擔任金陵刻經處編校出版工作時，呂澂常來購買佛書，便有機緣與歐陽竟無討論所疑，書信往返論究佛法，其才思敏捷甚得歐陽竟無激賞。這樣，當一九一四年他從民國大學經濟系退學後，便到金陵刻經處就讀歐陽竟無開設的研究部，正式研讀佛法。

一九一五年，呂澂赴日本美術學院修讀美學，次年因與留日同學反對日本侵略中國而回國。一九一六年時受劉海粟之邀擔任上海美術專科學校教務長，是年二十一歲。任教期間，撰寫《美學淺說》、《現代美學思潮》、《美學概論》、《西洋美術史》等著作，為民國初期研究美學與介紹西方美術美學思潮的重要先聲。

一九一八年受歐陽竟無之邀，協助創辦支那內學院，至此呂澂遠離了世學研究，專心於佛

學研究與教學。因經費的困窘，呂澂隨歐陽竟無四處奔走勸募，其間還向唐繼堯、蒯若木等募款，前後達四年時間的籌備，一九二二年支那內學院終於在南京正式成立，由歐陽竟無擔任校長，呂澂擔任學務主任。

因呂澂字秋子，歐陽曾稱他為「鶖子」。「鶖子」是釋迦牟尼佛十大弟子中智慧第一的舍利弗的華言譯名。又說：「先師（楊仁山）囑咐漸十餘年來，得超敏縝密之秋一（呂澂）可以整理，得篤實寬裕之黃樹因可以推廣，吾其庶幾乎！」由此可見歐陽竟無對呂澂的倚重。

呂澂長駐支那內學院，跟隨歐陽竟無進行佛學研究，並推動內學院之教務。學院之開辦廣受矚目，不少碩學之士等都在此任教，又開辦「法相大學特科」推動法相唯識學的研究，學人薈集，與當時太虛大師所創辦的「武昌佛學院」，成為當時佛教教育的兩大中心。

一九二四年，支那內學院創辦《內學》年刊，呂澂於此發表多篇著作。一九二六年因為北伐戰爭，學院被軍隊占用，課務教學中斷，學員散去，但呂澂仍不離去，還是繼續在學院研究佛學。一九三七年，為躲避抗日戰火，將支那內學院藏書與資料遷至四川江津建立支那內學院的蜀院，由於戰亂無法招生授課，呂澂在處理院務之餘，全心投入研究與著述。

一九四三年歐陽竟無逝世，呂澂繼任院長兼教務，王恩洋等擔任院友會理事。蜀院開始聚眾講學，並與華西大學中國文化研究所合編《漢藏佛教關係史料集》。

一九四九年支那內學院改名為中國內學院，呂澂繼續負責院務。由於當時的政治社會極不穩定，一九五二年經院友開會決議停辦，被譽為「中國第一佛學院」的支那內學院，於創立三十餘年後走入歷史。

一九六二年呂澂計畫編纂一套超越日本《大正藏》的漢文大藏經，於是隔年開始編寫《新編漢文大藏經錄》，歷經三年終於完成，它是呂澂數十年來的讀經心得總集，此經錄不只將經典內容分類，同時校勘完成一百七十七部佛典。不幸的是，一九六六年文化大革命興起，編纂計畫被迫終止，同時也終止了呂澂的佛學研究生涯，直到一九八九年七月逝世的這二十多年期間，不再有任何的學術研究與著作問世。

重要的佛學著作

呂澂十幾歲開始研讀佛法，在歐陽竟無啟蒙下，跟隨其研究，全心投入，再加上自學通曉英、德、日、梵、藏、巴利等多國語文，成為他躋身國際學術研究之利器，當時的中國佛教學者，幾乎無出其右者。

因其視野寬廣，深知佛學研究所需的基礎，所以在支那內學院初期，譯介佛學研究的基礎學科：《佛學研究法》、《印度佛教史略》、《佛典泛論》等日人佛學著作，並著有《因明綱要》、《聲明略》等因明、聲明類的入門書籍。

二次大戰抗日時期，內學院遷移至四川蜀院時，呂澂校勘藏文《攝大乘論》、《因明入正理論》及梵文《楞伽經》等經論，並著有《因明入正理論講解》、《雜阿含經刊定記》及多篇重要學術論文，解決了許多佛教歷史遺留的問題。

當中共建立政權後，呂澂在科學部開辦為期五年的佛學班，教授「中國佛學」和「印度佛學」課程，並將講課筆記整理編輯成《中國佛學源流略講》和《印度佛學源流略講》，也在文革前完成《新編漢文大藏經目錄》一書，可惜因文革影響而無法完成編纂大藏經的計畫。

除此之外，一九五三年北京「中國佛教協會」成立，呂澂被選為常務理事。兩年後，斯里蘭卡佛教徒為紀念佛陀涅槃兩千五百年，發起編纂《英文佛教百科全書》，邀請各國佛教學者合作。呂澂除參與編集《英文佛教百科全書》，同時還撰寫了百萬字的《中國佛教》，後來也有單行本出版，並與華西大學中國文化研究所合編出版《漢藏佛教關係史料集》。

佛學成就與影響

呂澂在佛學研究上超越其師歐陽竟無，歐陽竟無一生深入唯識，呂澂除了因此著力於唯識外，亦能在印度、中國與西藏佛教的重要議題上深有探討，同時對因明學、文獻學亦有重要著作發表，綜其一生學術研究的成就貢獻，從他本人所撰〈內學院研究工作的總結和計畫〉一文可見：

一、「在玄奘所譯《瑜伽論》最後二十卷裡，發現了引用全部《雜阿含經》本母——這是連玄奘本人也未嘗知道的。因此明白了瑜伽一系學說的真正來源，並連帶訂正了翻譯以後便弄紊亂的《雜阿含經》。」

呂澂在研究玄奘所譯《瑜伽師地論》時，發現最後二十卷的《攝事分》引用全部《雜阿含經》本母，證明瑜伽學派的學說繼承上座部禪法，也訂正漢譯《雜阿含經》的次第，因此而寫成《雜阿含經刊定記》發表。此一發現與見解，比日本佛學界早六十多年，同時也啟發了印順導師將兩者整合成《雜阿含經論彙編》出版。

二、「認清了梵藏本唯識論書的文義自成一系，跟玄奘所傳的迥然不同，因而確定了唯識古今學說分歧之所在（詳見《內學》第三輯所載〈《安慧三十唯識釋略抄》引言〉）。」

可見他的研究能清楚地見到唯識學的古今變遷與分歧。

另外，呂澂在《寶積經瑜伽釋》中發現，《瑜伽師地論》裡引用《小品寶積經》的舊注部分，有助釐清大乘學說前後的聯繫，而且訂正舊譯《寶積經論》的錯誤。

在因明學的弘揚與研究上，也創造了最卓越成果，他校勘因明論書的藏漢譯本，校正窺基《因明入正理論疏》的謬誤，也譯出《因明抉擇論》、《集量論釋略抄》等因明學名著，對於因明學的研究有重要貢獻。

此外，對於《新編漢文大藏經錄》，他重新對大乘經作分類，並覆校譯本與譯者，在佛典目錄學有其創見。他在《印度佛學源流略講》書中所附錄的七篇文章，對於部派佛教研究也是成績卓著，例如從《俱舍論》與南北雙方《毘曇論》的關係，判明小乘毘曇學說的系統。

由上述可見，呂澂在學術研究上的成就與貢獻，皆是時人無可比擬的，即使置於當代亦具有不可取代的地位。

呂澂的佛學研究能有如此大成，究其因由，據他的學生張春波所述：「先生已六十六歲，那麼大年紀，每天都是凌晨四點起床，漱洗畢，即開始工作，或研究學問，或備課。……幾乎把全部精力都用到工作、學習、研究和教學上。這恐怕是先生在學問上能取得重大成就的主要原因。」其治學精神與態度，都乃後代學人之楷模。

對佛教的貢獻

從呂澂的學養，我們看到金陵刻經處到內學院，楊仁山、歐陽竟無到呂澂，一脈相傳的居士佛教傳承。從外在來看，呂澂對佛法的理解、學問，透過自修能有此廣大的成就，在世界的學者中是全然獨步的。

而從內在而言，從楊仁山、歐陽竟無到呂澂，這種深刻的心靈傳承，源於心性的純粹與深刻的悲心，他們延續著師志而行。而這種延續師志，並不是一種單純師弟之間情感的咐託，而是依止於法，對智慧純粹的依止，更因於對眾生的悲心而傳續，如是能夠承擔時代超拔。

呂澂是中國佛教在回應歐美佛學研究成果上貢獻是最為頂尖者。他是繼楊仁山、歐陽竟無之後，依現代學術研究方法，在印度佛教「雜阿含」經典領域能超越日本乃至西方的研究型學者。早年還有世學方面的美學研究著作。可惜民國三十八年後，他留在大陸未出，支那內學院結束後，雖任中國佛教協會常務理事及中國科學院哲學社會科學學部委員，為大陸佛學研究做了築基的工作，但七十一歲後，因文革等時局紛亂因素，再也沒有著作面世。即便如此，早年他的研究跨足印度、中國、西藏，尤重唯識、因明，留下了可觀之成果給後世，可說是近代中國佛學研究無出其右，睥睨國際的大家。

中國佛學

談談有關初期禪宗思想的幾個問題

關於中國佛學思想的批判研究，近幾年來在學術的期刊裡、專著裡，有過不少新成果的發表。有些問題是已解決了，但也留了一些問題。特別是初期的禪宗，由於那時期幾代禪師的立說先後變化很大，殘存的資料又零落不全，現在要徹底明瞭他們的思想，還很費事，有待研究的問題就比較多。在這裡，我提出其中的幾個問題，談一談個人的看法，以供深入探討者的參考。

最先是原始的禪宗思想和《楞伽經》的關係問題。初期禪宗從達磨到神秀都很重視《楞伽經》，甚至因此可以稱他們為楞伽師。據道宣《續高僧傳》的記載，禪宗的實際開創者慧可在遇達磨之前，已經憑著他自己的聰明，對當時流行的義學有其獨到的造詣，而卓然名家。這可能即與「楞伽」的講究有關。所以他一遇著達磨，得到啟發，就更加深了他的自信，終於明白地提出四卷本「楞伽」來和當時新譯十卷本之說相對抗。在達磨去世之後，他又為道俗徒眾奮其奇辯，呈其心要，使他的「楞伽」創解一時間言滿天下，從此便有了常常隨身帶著四卷本「楞伽」的禪師。這些事實都可以說明原始的禪宗思想是怎樣的和四卷本「楞伽」密切相關。

但是，慧可的講說「楞伽」是專附玄理，而不拘文字的，並且說法還時有變化，所謂通變適緣，隨緣便異（後來法沖從慧可後裔得著的傳授即是如此）。這完全是一種自由解釋的方法。因而在他北去鄴都講學之時，就受到文學之士的鄙視，還生出種種是非，使他流離多年，終身潦倒。只是由他創始的這一種講經方法，卻給予其後各家以很大的影響。他們都同樣地自由自在來引經據典，到了神秀組織五方便法門，更發展到極點，隨意驅使經論都作了它的注腳（因此宗密的《圓覺經大疏鈔》談到神秀的禪風即以「方便通經」做標題）。慧可的撰述現已無存，他是怎樣的自由講經，難以舉例。不過，據《楞伽師資記》所說，從楞伽師的第一代求那跋陀羅起，就已提出經文「諸佛心第一」這句話（後世還說成「佛語心為宗」）來作一宗的宗旨。原來此句指的是佛說的樞要，心字是核心的心，譯經者還附注說明。但禪師們還不理會這些，仍舊隨意借用了，認為心靈的心。這正是自由解經最典型的一例。慧可的講說方式，大概也相差無幾。

另外，慧可之講「楞伽」乃以一乘宗為據，這和一般用「攝論」大乘宗的說法又有不同。所謂一乘，究竟何所指呢？我覺得慧可之重視「楞伽」是著眼在經文明白解釋了佛性和人心的關係這一點（這可說是受達磨談禪提出借教悟宗的理入法門的啟發）。「楞伽」之說由《勝鬘經》而來（見經文卷四），而「勝鬘」譯本以「一乘方便」為題，可看作一乘宗的代表作品。所以慧可依一乘宗解「楞伽」，實際即是用「勝鬘」經意來作溝通。「勝鬘」和四卷本「楞伽」都為求那跋陀羅所翻譯，對於兩經的講求又正是南方流行的新學，慧可之以經解經，自然不是一無來歷。

也就從這一點，可以理解慧可一定提出四卷本「楞伽」來立宗的原因。「楞伽」的四卷本和十卷本，其內容有詳略的不同，可不待言。但它們最根本的分歧，還是在於依「勝鬘」而說佛性的一段。四卷本此段將佛性和人心看成一事，以為不過說起來的名目有些區別而已（說佛性用「如來藏」，說人心用「識藏」，經文結合兩者說成「名為如來藏的識藏」）。十卷本呢？就完全不然。它將兩者截然看成兩事，既已特別加上了「如來藏識不在阿黎耶識（即『識藏』的異譯）中」的一句，又一再說它們是「二法」。從這一分歧點出發，四卷本原來只說有一心，一種自性清淨的心，而十卷本則說成二心，淨心和染心，其它有關的理論也都跟著有了變化。所以慧可聲稱受了達磨的付囑，必需用四卷本「楞伽」為踐行的依據，是有其用意的。

以上都是談的原始禪宗思想和《楞伽經》的關係問題。

其次，慧可的思想是結合著達磨所傳的禪法而傳布的；達磨禪法究竟如何，這也是未得解決的一個問題。據道宣的《續高僧傳》所保存的原始資料看，達磨是教人以壁觀安心，又教人凝住壁觀（見傳文卷十六），道宣還稱讚達磨禪是「大乘壁觀功業最高」（見傳文卷二十）。因此，用「壁觀」兩字就可以顯示達磨禪法的特點，這毫無疑問。但對壁觀，從來就未見有很好的解釋。一般當它是譬喻的用語，以為在修禪時「外息諸緣，內心無喘，心如牆壁，可以入道」（見密宗《禪源諸詮集都序》卷上之二）。這樣的解釋並不很正確。平常的禪觀都以所觀的事實立名，壁觀就應該是以壁為所觀。現在從有關的資料看，如說達磨定學為南天竺禪者所推重，又說跟他學禪的從慧可下常行頭陀行（一類比較嚴格的戒行）。這些事很容易使人想到當時印度佛家的禪法實有南北之分，而南方禪法正是以頭陀行為準備，又是以修習地遍處定（這是隨處都會生起「地」的感覺的一種神觀）為其第一課而來教人的（見《解脫道論》卷四）。修習地遍處就常常在牆壁上用中庸的土色塗成圓形的圖樣，以為觀想的對象。那麼，達磨的壁觀很可能和這樣的方法有關。至於大乘裡應用地遍處的修習，則更進一步要學者連「地」的概念也不存於心中，好像是無所依而修習（見《瑜伽師地論》卷三十六），因此，道宣說為冥心虛寄，又說它取法虛宗。

再次，初期禪宗經道信到弘忍，開創了東山法門，其思想又有了較大的變化。這一變化的實際如何，也是個值得研究的問題。東山法門以一行三昧為中心，以守自心為方法，這些都是道信所創的規模。但弘忍更導入「起信」思想，而加以發展。「起信」為其時很流行的一部有關止觀的書，它將一行三昧提到止觀中最高的地位，又詳細組織了一套為其依據的理論。弘忍將守自心的心落實到心真如門。正是採用了「起信」之說（見《宗鏡錄》卷九十七）。因此得弘忍再傳衣缽的淨覺，在所撰《楞伽師資記》的自序裡，就明白提出「起信」心真如門的一番解說作為禪法的最高原則，同時神秀的五方便門也依「起信」建立其第一總彰佛體的離念法門（見宗密《圓覺經大疏鈔》卷三之下）。「起信」的主要理論，大都汲取於「楞伽」，這早已為義學家所公認。弘忍、神秀諸人的思想會從「楞伽」移轉到「起信」，似乎也極其自然，沒有什麼問題。不過「起信」所據的「楞伽」實際是十卷本而非四卷本。換句話說，「起信」完全用染淨二心之說來組織其理論體系，根本上否定了一心說。其先慧可，那樣不避艱難，堅持持所信，定要用四卷本「楞伽」來創宗立說，不意傳到弘忍、神秀，口頭雖說是慧可以來的一脈相承，而思想的實質，通過「起信」已經無形中與十卷本「楞伽」合流而面目全非了。這一轉折變化，在辨認弘忍、神秀思想的特點時，我想是不應該忽視的。

最後，神秀可算是宏揚東山法門最力的一家。他即以這樣的資格得到當時王公大臣的垂青、利用，而使北宗勢力盛極於一時。後來南宗禪徒奮起攻擊，常常集中於「法門是漸」的一點，說北宗主張漸悟（悟見佛性）並沒有得著正鵠。但在現存有關神秀的文獻裡，神秀也說悟在須臾，又說一念頓超等等。似乎他同樣取徑頓悟，怎能硬說是漸呢？這說牽涉到如何理解頓漸意義的一個問題。我覺得南宗所標榜的頓悟，是走單刀直入，直了見性的路子，而神秀的教人則要用種種的方便。他不但廣引經論，著意分疏，以作理論的準備，並還採取指事問答的方法以誘導學者入門。如五方便的第一門離念，就先教學者向四方遠看，再慢慢引到本題上來。又第二門開智慧，也先擊木發問「聽到沒有」，再說明聞聲不動即是發慧等等。這些都顯得迂迴曲折。至於後來說成「凝心入定、住心看淨」那一套，就更機械了。北宗禪法由這樣的點滴領會最後得到恍然大悟，儘管那一悟也像是頓悟，但從源頭上說來，依舊是逐漸貫通的一類。因此，南宗指斥它為漸悟。南北兩宗問題漸之辨，大概如此。

對於上面所舉的幾個問題，我只有這些初步的看法，如要徹底解決，自然還有待高明的探討了。

《光明日報》一九六二年六月六日

試論中國佛學有關心性的基本思想

大成於隋唐時代的中國佛學，可以天台宗、賢首宗和禪宗的學說為其代表。這幾宗的學說雖淵源於印度，但中間經過了融通變化，其基本思想特別是有關心性方面的，仍否和印度佛學完全一樣的呢？這是要明瞭中國佛學的特點所應研究的一個先決問題。

現在試從中印兩方佛學傳承的經過來談起。印度佛學在原始的階段，即為了確定實踐的依據，提出「心性明淨」這一原則性的說法[1]。佛家實踐的要求在於解決人生問題。他們首先評價人生是痛苦的，接著推尋其原因和消滅它的方法，以期達到絕對安寧即所謂「解脫」的境界。但他們忽略了構成人生痛苦的社會條件，只偏向內心去追求。他們以為各種煩惱的心理和相隨而來的行為即是招致人生痛苦的原因，如果消滅了這些，就會得著解脫。這自然是一種唯心論的看法，但他們由此推論人心之終於能夠擺脫煩惱的束縛，足見其自性（本質）不與煩惱同類，當然是清淨的了——這樣構成了以明淨為心性的思想。

這一種思想通過印度的部派佛學、大乘佛學等階段，即逐漸有了發展。特別是大乘佛學將解脫的標準提高到和他們理想中的佛同等的程度，這樣，所謂自性清淨的人心就或者被看作凡人憑以成佛的質地，而得名為「佛姓」[2]；又或被視同孕育如來（即佛）的胎藏，而得名為「如來藏」；最後還由極端的唯心看法，被認為基層的意識，含藏著發生一切認識和一切行為的潛在能力（所謂「習氣」）而得名為「藏識」。隨著這些對於人心的不同解釋，心性的意義也由原來只從它和煩惱的關係上去作消極的理解的，漸變為從具體成佛的因素方面去作積極的理解。不過，以為人心自性不與煩惱同類的那一基本觀點是始終未曾改變的。

如上所說有關心性的思想發展，在中國歷代翻譯的佛典裡也逐一反映了出來。到了南北朝時代，傳習這些譯典的人還分別成為各種師說。如涅槃師（主張《大涅槃經》的佛性說）、地論師（主張《十地經論》的如來藏說）、攝論師（主張《攝大乘論》的藏識說）、楞伽師（主張《楞伽經》會通如來藏和藏識之說）等等。他們對於心性之在當前是否純淨以及它與一切對象的關係如何等方面，各有不同的看法而立說紛歧。後來北方的佛家有從「禪觀」的角度總結這些異說而自成一套理論的，寫出一部《大乘起信論》。此論對於各家異說的取捨安排，實際是以元魏譯本《楞伽經》為其標準。由於魏譯的經存在一些異解甚至誤解，論文也跟著有不少牽強之說[3]。儘管如此，它仍然形成了中國佛學思想的中心結構。

中國佛學有關心性的基本思想即是在這樣的經過中構成的。由於中印兩方佛學思想的社會根源並不盡同，它們傳承立說之間即不期然地會有兩種的趨向。其在印度，比較晚出的大乘佛學思想和統治階級間的關係不甚密切。那時受到尊崇的是婆羅門一系的宗教。佛教只以國家政策的關係未遭排斥，所以其學說思想的根源一部分還是屬於平民方面的。在它們的唯心理論裡，仍然會出現「轉依」[4]一類的概念，隱含著要求變革現實社會的意味，即多少反映了平民對於現實社會之不滿。這樣的理論在當時印度異常龐雜的思想界裡並不顯得突出，自能聽其流行。但一傳到中國來，因為佛教主要依存於統治階級，不容其思想對那一階級的利益要求有所妨礙，所以就行不通了。這只要看像南朝梁陳之間的譯師真諦如實地介紹那種理論隨即引起激烈的反對，就可了然[5]。至於其時北朝自元魏以來流行的佛學思想，雖其典據也不出較晚的大乘佛學的範圍，但是經過了有意的變通遷就，採取調和的說法，肯定現實的一切（包括社會制度在內）之合理，既無所牴觸於統治階級的利益要求，自然就通行無阻。這樣的思想即表現在魏譯《楞伽經》的異解之內，而直接為「起信論」所繼承發展，不用說，它的面目已是和印度佛學異樣的了。

現在即從「起信論」所說，可以了解中國佛學有關心性的基本思想是：人心為萬有的本源，此即所謂「真心」。它的自性「智慧光明」遍照一切，而又「真實識知」，得稱「本覺」。此心在凡夫的地位雖然為妄念（煩惱）所蔽障，但覺性自存，妄念一息，就會恢復它本來的面目。這樣，在實踐上也只要用返本還源的方法，而談不到實質上的變革——這當然是與其肯定一切現實價值的思想相調和的。

也就從上面所說，可以辨別中國佛學有關心性的思想和印度佛學的根本分歧之點。印度佛學對於心性明淨的理解是側重於心性之不與煩惱同類。它以為煩惱的性質囂動不安，乃是偶然發生的，與心性不相順的，因此形容心性為寂滅、寂靜的。這一種說法可稱為「性寂」之說[6]。中國佛學用本覺的意義來理解心性明淨，則可稱為「性覺」之說。從性寂上說人心明淨，只就其「可能的」「當然的」方面而言；至於從性覺上說來，則等同「現實的」「已然的」一般，這一利都是中印佛學有關心性的思想所有的重要區別。

隋唐時代先後成立的佛學派別，如天台宗、賢首宗、禪宗等，它們相互之間，在指導實踐的禪觀上，或在評論佛說的判教上，原有不少的聯繫，因而它們關於心性的基本思想自然也有共同之點，都採用了性覺說。這一事實，中唐時代的賢首宗學者宗密（七八〇至八四一年）就曾很清楚地看了出來。他嘗用「起信論」之說為總綱，刊定了當時所有的三種禪法和三種教說的地位，並批評了它們的短長。他明白指出禪法中「息妄修心宗」（此即禪宗中的北宗）、「直顯心性宗」（此即禪宗中的南宗）和教說中「顯示真心即性教」（此即台、賢二宗所遵之教）這些足以代表中國佛學的，一講到心性來，莫不貫穿著「起信論」中所表現的性覺思想[7]。

另外，宗密還以三教中的「密意破相顯性教」（此即三論宗所遵的教說，可以代表印度佛學）為空宗，「顯示真心即性教」為性宗，而對兩宗作了異同的比較。他舉出兩宗的異點凡有十種，其中最重要的兩種是，兩宗所說心性的名目不同，所說性字的意義也不同。空宗之說心性只是空寂，性宗所說則「不但空寂，而乃自然常知」。又空宗「以諸法無性為性」，性宗則「以靈明常住不空之體為性」[8]。這些話是說，空宗將心性看成和一般法性同樣，只有空寂的意義，而未能表示其特點。性宗則不然。它區別了心性和法性的不同，即心性是有知的、本覺的，而法性則無知、不覺。故空性兩宗同說心性，而意義各別。這一解析無異於上文談到的性寂和性覺之分，也可用來說明中印佛學有關心性的思想異點之所在。

性覺的思想雖然大成於中國佛家，但他們常引經據典說成是印度佛學所已有。這中間也由於翻譯的佛典在文字上原有含糊的地方。以致他們會隨便地引來應用。就如宗密，他以為人心的本覺即是佛的智慧，引用了《華嚴經》〈出現品〉的一段經文作證。驟然一看那段經文說：「無一眾生而不具有佛的智慧，但以妄想執著而不證得」，好像真可以證成宗密之說[9]。但仔細一研究，經文的翻譯上就有問題，它的原意並不如宗密所理解的那樣。《華嚴經》梵本的絕大部分連同〈出現品〉在內早已散失了，不過宗密所引的一段現存於《究竟一乘寶性論》梵本引文之中，並還有西藏文的翻譯[10]。從梵本和其藏譯來看，那段經文只說佛的智慧隨處會有，即無一眾生不能證得到它，因為眾生的心量正與佛智相等的緣故。這自然說的是眾生有證得佛智之可能，並非就已具備了佛智。漢文經典中那樣的譯法，意義很為含糊，宗密受了「起信論」思想的影響，先有真心本覺等成見，也就不加推敲而隨便引來自成其說了。

此外，中國佛學中的性覺說構成以後即在幾個方面有其發展。其一，有些佛家將本覺的心誇大為圓滿妙明的圓覺，撰出一些假託為翻譯的書如《楞嚴經》、《圓覺經》等發揮其說。他們還對於「起信論」中沒有說得清楚的「如何從本覺的心發生一切世間現象」這一問題作了補充的解釋。在《楞嚴經》裡即模仿印度通俗的世界構成說，以為由內心擾亂發生塵垢，次第構成虛空、風輪、金輪、水輪等等，終於有了山河大地的世界[11]。這樣的說法自然是無稽之談，但從前的佛家深信不疑，多方闡揚，致使此經成為極其流行之書。

其二，賢首宗的學者從法藏（六四三至七一二年）開始，即將性覺之說和有關如來藏的經論聯繫在一起，建立了「如來藏緣起」的理論。後來還將《楞伽經》、「起信論」以及《法界無差別論》等，總判為「如來藏緣起宗」，以與所判印度佛教中的「隨相法執宗」（部派佛學）、真空無相宗（大乘佛學中觀派）、唯識法相宗（大乘佛學瑜伽行派）並列，而視同大乘佛學的最後定論[12]。這一種看法，從印度佛學源流來說是有問題（其詳當另題論述）。

其三，性覺說在另一方面的發展，是從心性的本覺推論到與心相關的一切法也都帶著覺性。這可能是反對將心性等同法性的極端看法，乃將法性也說成心性一樣。明白提出此說的，是天台宗學者湛然（七一一至七八二年）。他在所撰《金剛錍》的短篇論文裡，即以此種觀點大談其「無情有性」的主張（無情是說身外無情之物，如草木礫塵等；性是說佛性），終於成為一類泛神論的思想。

其四，在禪宗方面，自南宗暢行以來，更是圍繞著性覺的思想作出種種機用的發揮像禪師指點學人所常說的「即心即佛」、「本來是佛」、「平常心是道」以至說到「一切現成」。無一不要聯繫性覺思想才能理解其真意。禪宗本來標榜不立文字，但也主張利用教說來為啟發（所謂「發明心要」）。在「起信論」、《楞嚴經》、《圓覺經》等書流行之後，禪師們即公開地取為典據，故舊傳有「楞嚴」、「圓覺」、「維摩」為禪門三經之說。其關於心性的思想會和那些經論所說的一致，可不待煩言而解。到了後來，禪宗還因宗密揭出荷澤（神會）的祕傳，以「靈知」解人心的本覺，而明言「知之一字，眾妙之門」，甚恐其混同知解，而予以反對。這樣用心於知解以外，又不期然成為一種神祕主義。

總之，在中國佛學裡有關心性的基本思想可說是極其重要的一部分，有時還可算是中心的部分，佛家思想通過中國佛學來影響於別家學說的，也常以這部分為其重點。現在辨明它和印度佛學所說不同之處，以見其特徵，應說是有一定的意義的。但上文所說僅僅是初步的論究，還有一些問題以時間所限未及談到，只好等待他日再補充研究了。

《現代佛學》一九六二年五月

1此說最初見於巴利文本〈增一尼柯耶・一法品〉第六經，巴利聖典協會校印本第一分冊第十頁。「心性明淨」一語，通常譯作「心性本淨」。

2此語常常寫作「佛性」，但原有「族性」的意義，故以用「姓」字更為恰當。

3參照拙作〈起信與禪〉，載《學術月刊》一九六二年第四期。

4「轉依」是晚出大乘佛學用來代替「解脫」這一概念的。它的意義說，從根本上（即所依上）著眼，來消滅掉由錯誤認識所構成的一切對象，而另建立起由正確認識構成的一切。

5見道宣〈續高僧傳（卷一）拘那羅陀傳〉。傳中說反對者批評真諦譯介的學說是「言乖治術，有蔽國風，不隸諸華，可流荒服」；因此，其說在陳代始終未得流行。

6「性寂」一語，在漢譯的佛典裡通常作「自性涅槃」。「涅槃」的意譯即是寂滅、寂靜。

7見宗密《禪源諸詮集都序》卷上之二。

8同上書卷下之一。

9 同註釋7。

10 此段經文的梵文片段見日人宇井伯壽《寶性論研究》第三二七—三二九頁。其藏文翻譯見影印本《西藏大藏經》第二六卷，四九頁第一段五行以下。

11 見《楞嚴經》卷四，原文是為答覆「如來藏清淨本然云何忽生山河大地」的一問題而說。

12 見宗密改訂本，法藏《起信論疏》卷一。

起信與禪——對於《大乘起信論》來歷的探討

在佛典裡，千餘年來題著馬鳴所造、真諦所譯的《大乘起信論》，是一部和隋唐佛學關係密切的書（隋唐時代的禪、天台、賢首等宗思想的結構以及其發展，都受到「起信」的真心本覺說的影響），也是一部來歷不明而面目模糊的書。它大約是在北周、隋代之間（約五七七至五八八年）偽託馬鳴所造而以譯本的形式於北方出現的，但不久即有人對它的譯者發生懷疑。隋唐第一部眾經目錄即開皇十四年（五九四年）編成的《法經錄》，將它編入眾論疑惑部，並附注語說：

> 人云真諦譯，勘真諦錄無此論，故入疑。

繼而唐初（六一八年頃），吉藏的入室馬弟慧均著《四論玄義》，又對「起信」的作者提出異說。「玄義」的第五卷裡說：

「起信」是虜魯人作，借馬鳴菩薩名。

其第十卷裡又說：

「起信論」一卷，人云馬鳴菩薩造；北地諸論師云：非馬鳴造論，昔日地論師造論，借菩薩名目之，故尋翻經目錄中無有也。未知定是否？

這兩段文章分別見於日人珍海《三論玄疏文義要》卷二、寶賢《寶冊鈔》卷八及湛睿《起信論決疑鈔》所引，但在現存「玄義」殘本的卷五、卷十裡並未見到，也許早被後人刪去了。再到晚唐（八六〇至九〇六年），新羅珍嵩撰《華嚴經探玄記私記》，又對「起信」的內容作了批判。他說，「起信」是依《漸刹經》二卷所造，而道宣的目錄以《漸刹經》為偽經，依經造論當然也是偽論了。現在「私記」已佚，此文也見於《寶冊鈔》所引（《漸刹經》在道宣目錄即《大唐內典錄》裡未見記載，但日人快道《起信論懸談》認為《漸刹經》即《占察經》）。從以上幾種資料看，可見「起信」的來歷一向就被認為有問題，不過其書既已為各宗所信用，大家也就不再深究而已。到了晚近，從一九一九至一九二一年，又從一九二六到一九二九年，日本佛教學者們對「起信」是印度撰述還是中國撰述的問題，曾有過兩次討論。參加者雖也爭辯熱烈，然而未能澈底解決。現在日本學者大都利用印度撰述之說，只以為撰出的時代應在無著、世親之後，作者當然不能再歸之馬鳴其人了。至於一般佛教史的著述中，即將「起信」列入晚期大乘的典籍一類，很少異議。

現在，我們認為，以「起信」對於隋唐佛學思想的關係那樣的密切，如要正確地理解隋唐佛學的實質，就非先弄明白了「起信」理論的真面目不可，因此「起信」的來歷如何，仍有深入探討的必要。不過採用枝節的考據方法（如分析有關「起信」撰譯問題的資料，比較真諦譯本所用名相等等），解絕不了問題，應該單刀直入，以解剖論文的重要關鍵下手。以下便是我們試作的探討。

「起信」這部書有種鮮明的特徵，即從其理論上可以一覽而知它和《楞伽經》有淵源。因此，自隋唐時代的慧遠、太賢、元曉、法藏等開始，經過宋元，直到明末的德清、智旭，這些注解「起信」的大家都承認它是宗《楞伽經》而作。近時日本學者討論「起信」問題的，像主張印度撰述說的常盤大定一開頭即以「起信」和「楞伽」一致作為立論的根據，對他持相反主張的望月信亨後來改變論脈，也承認「起信」和「楞伽」的關係。但古今人所見經論之相關，大都以「起信」和魏譯本「楞伽」（菩提流支譯，十卷）的比較為據，而「楞伽」經文在魏譯之外，還有劉宋譯（求那跋陀羅譯，四卷）、唐譯（實叉難陀譯，七卷），魏譯本的文義和它們都很有出入，這裡面就會有諸譯的是非問題。今以「楞伽」現存的梵本（日本南條文雄校刊，一九二三年出版）為標準來刊定，梵本的中堅部分，非但譯出較晚的唐譯本和它相同，即較早的劉宋譯本也和它相同，可見它是始終未曾有過變化，在宋唐之間譯出的魏本獨獨時與之異，這自然不會有特別的梵本為魏譯所據，而只能是魏譯的理解上有問題，翻譯的技巧上有問題而已。這並非隨便的論斷。在唐譯「楞伽」出來之後，參與譯事的法藏作了《入楞伽心玄義》一書，對於魏譯就有過批評。他說：

魏譯文品稍異，而經言難顯，加字混文，著泥於意，或致有錯。

這正可作為上述的佐證。

我認清了魏譯「楞伽」的性質以後，再來對「起信」和它有關的地方做進一步的研究。如果其關係僅僅限於文句或名相的雷同，這也許因魏譯在先而「起信」沿用了它的成譯，說不上與「起信」的來歷問題有何交涉。如果在理解上也看出它們的相關，像魏譯「楞伽」有異解或錯解的地方，「起信」也跟著有異解或錯解，這樣「起信」之為獨立的譯本就有些不可靠了。如果它們的相關處不止於此，還更進一層見到「起信」對於魏譯「楞伽」解錯的地方並不覺其錯誤，反加以引申、發揮，自成其說，那麼，「起信」這部書絕不是從梵本譯出，而只是依據魏譯「楞伽」而寫作，它的來歷便很容易搞清楚了。

在這裡，我們即憑上述的線索來看「起信」的關鍵處和魏譯「楞伽」的實際關係究竟如何。「起信」理論的重心可說是放在「如來藏緣起」上面的，而首先要解決的即是如來藏和藏識的同異問題。這些原來也是「楞伽」的主題[1]。但原本「楞伽」（這據梵本和宋譯共同之處而言，以下並同）是將如來藏和藏識兩者看成一個實體。它之所以作這樣看法，有其歷史根源。因為在各種大乘經典裡，都要求說明他們所主張眾生皆可成佛的根據何在而作出種種唯心的解釋。最初《般若經》泛泛地說為自性清淨心，《涅槃經》說為佛性；比較晚出的《勝鬘經》更切實地說為如來藏，《阿毗達磨經》又說為藏識；最後「楞伽」將這些統一起來，特別指出如來藏和藏識不過名目之異，其實則二而一者也。因此，在經文裡常常說「名為如來藏的藏識」，有時又說「名為藏識的如來藏」，以見其意。「楞伽」確定了這一基本觀點，還有一段文章說明染淨緣起之義，歸結於眾生之有生死（流轉）、解脫（還滅），都以如來藏（即藏識）為其根本[2]。

魏譯「楞伽」也很重視這段文章，特別開為一品，題名〈佛性品〉，以引起讀者的注意。但在文內卻充滿著異解甚至是誤解，而構成另外一種的說法。如原本「楞伽」說，名叫如來藏的藏識如沒有轉變（捨染取淨），則依它而起的七種轉識也不會息滅（宋譯：「不離不轉名如來藏藏識，七識流轉不滅」）。這是用如來藏和藏識名異實同的基本觀點來解釋八種識的關係的，但魏譯成為「如來藏不在阿黎耶識（即是藏識）中，是故七種識有生有滅，而如來藏不生不滅」。這樣將如來藏和藏識分成兩事，說如來藏不生滅，言外之意即藏識是生滅，這完全將

「楞伽」的基本觀點取消了。其次原本說：

為無始虛偽之所熏習，名為識藏（藏識），生無明住地，與七識俱，如海浪身常生不斷[3]。

這是說明流轉方面的緣起的。而魏譯成為：

大慧！阿黎耶識者，名如來藏而與七識共俱，如大海波常不斷絕。

它將虛偽所熏一語改屬上文，插入大慧、如來藏兩詞，便像是如來藏與七識俱起乃成為藏識，而海波譬喻也變了如來藏的翻起藏識波瀾，都和原本異樣了。還有，原本說：

其餘諸識有生有滅，……不覺苦樂，不至解脫。

這是說明還滅方面的緣起的。而魏譯成為：

餘七識者，心意意識等，念念不住，是生滅法，……能得苦樂故，能離解脫因故。

它將原來說七識不能感苦樂故不起解脫要求的變為能感而不求，又成了異說。以上都是魏譯「楞伽」改變原本的地方，自然會含有誤解在內。

再看「起信」關於如來藏的理論，如將如來藏和藏識看成兩事，如說如來藏之起波瀾，如說七識能厭生死樂求涅槃等，莫不根據魏譯「楞伽」的異說，並還加以推闡。所以說：

依如來藏故有生滅心，所謂不生不滅與生滅和合，非一非異，名為阿賴耶（即藏識）。

又說：

如是眾生自性清淨心（即如來藏）因無明（指一切心相）風動，心與無明俱無形相，不相捨離，而心非動相……若無明滅，相續則滅，智性不壞故。

由此推衍，還說此淨心即是真心，本來智慧光明，所謂本覺，所有修為亦不待外求，只須息滅無明，智性自現；這樣構成返本還源的主張。又說：

以「真如」熏習因緣力故，則令妄心（即七識）厭生死苦樂求涅盤。

「起信」之重蹈魏譯「楞伽」誤解而自成其說，還不止於中心的理論，其餘重要論點亦很多這樣的情形。試舉例：有如論文一開始泛說一心二門而提出了如來藏，依照元曉的舊解，這是脫胎於魏譯「楞伽」第一品末，「寂滅者名為一心，一心者名為如來藏」兩句，但用原本來對照，這兩句實在說的是三昧境界，一心是一緣（即心專一境）之誤，而「起信」卻跟著它錯解了。又如論二門中的生滅門，貫串著覺和不覺兩義。覺的體相用鏡像來做譬喻，說有原實空鏡，遠離一切心境界相，無法可現；又有因熏習鏡，如實不空，一切世間境界悉於中現。這些說法又顯然脫胎於魏譯《楞伽經》〈佛性品〉末結頌所說：「甚深如來藏，與七識俱生，取二法則生，如實知不生；如鏡像現心，無始習所熏，如實觀察者，諸境悉空無；二頌。但對勘原本，頌文之意實係說的不覺，如實知是別有智者之知，並非如來藏的本身，而魏譯錯解了，「起信」即照它說得那樣若隱若現。又如在心生滅門的不覺方面，「起信」說依心意意識而轉，分析其內容有阿黎耶識、業識、轉識、現識、智識、相續識、分別事識等，這些名目又明明出於魏譯「楞伽」。魏譯《集一切佛法品》首說到：

> 識有三種，……一者轉相識、二者業相識、三者智相識。

又說：

有八種識，略說有二種，……一者了別識，二者分別事識。

似乎轉相識、業相識等是可以與分別事識並列的，但一對照原本，轉相等是說諸識共通所有的三相，並非三種識。魏譯錯解，「起信」就隨之而錯了。還有智相識之「智」，依據原本和魏譯下文，實係「自」字的錯寫（在菩提流支的譯籍中，因音近而寫錯字的事並不稀奇，特別是所譯《大寶積經論》比例尤多，見鋼和泰校刊本*A Commentary of the Kācyapaparivarta Preface* PP, VII, XXII.）。「起信」不加辨別，就據以說智識、智相、分別智相應染等等，未免有些支離了。最後，如「起信」說到修行部分，特別舉出止觀，而以證得法界一相的一行三昧為最高標準。這不能一蹴而躋，又以真如三昧為之階梯。它說真如三昧是「不住見相，不住得相」，正是以魏譯「楞伽」四種禪中觀真如禪之說「不住分別心中得寂靜境界」為其藍本。但勘原本「楞伽」，此文乃是「住於真如而不生分別」的誤譯，「起信」云云，又被魏譯所惑了。

如上所說的種種，「起信」之與魏譯「楞伽」實際關係如何，已極了然。其為依據魏譯「楞伽」撰成之作，也可無疑義。由此，我們再來推論其撰述的經過，以見其來歷。

魏譯「楞伽」是在西元五一三年譯出的，所以「起信」成書年代的最上限不能早於五一三年。又從前學者的著述引用到「起信」的，以慧遠的《大乘義章》為始（這依據可信的資料而言）。「義章」為何時所撰，今無可考。所以「起信」成書年代的最下限暫定為慧遠去世之年，即西元五九二年。在五一三至五九二年的幾十年中間，北朝更換了幾個朝代，又遭遇北周武帝破滅佛教的事故（五七四至五八〇年），都是便利於偽書出現的好時機。「起信」的著作恰在此時，自非偶然。再從「起信」的內容看，也可說它是一部止觀教程（它全書五分，後二分是止觀實踐，前三分則為其理論根據）。本來它所依據的「楞伽」，那時慧可一系曾用來建立楞伽宗，而成為禪宗的先河。它止觀修行中推尊的一行三昧，又為後來禪家道信一系開創東山法門的依據。還有所謂「如來藏為身本，真心即摩訶衍」，「如來藏一念不了而有生死」等，都是它裡面見得到的思想，而當時一大禪師慧思即借以成立法華三昧之說，為天台宗的源泉。從這些方面，可見「起信」的理論和那一時代的禪法，特別是北方所流行的，有何等密切的聯繫。北方禪法從羅什以來才有系統的傳授。羅什譯出了《坐禪三昧經》，詳述五停心等禪法，而尊馬鳴為其導首[4]。所以北方所流傳的，主要是馬鳴禪。同時禪師覺賢也在北方傳法，後被羅什門人排擠而去江南，另譯了《達磨多羅禪經》，於是南方又有達磨禪（現存《達磨多羅禪經》裡無達磨的禪法，僅在慧遠的序文之末提到它，有這麼幾句說：「其為觀也，明起不以生，滅不以盡；雖往復無際，而未始出於如。故曰：色下異如，如不異色；色則是如，如則是色。」大概其法以「楞伽」所說的攀緣如禪為主，而不傳於文字。後來提倡達磨禪的要以四卷本「楞伽」為印證，其理由或即在此）。達磨禪的發展偏於幽玄，是越來越和北方禪法異趣的。直到東魏天平年間（五三四至五三七年），慧可打著達磨禪的旗幟（在禪宗初期是將菩提達磨多羅混而為一的，當然其禪法也就不分家了），去鄴都宣傳，這樣，南北不同的禪法才開始有了接觸。當時慧可所提出的經典文獻，是宋譯四卷本「楞伽」。其內容既不盡同於北方的新譯（即魏譯十卷本），譯本也比較樸拙，佶屈聱牙，不易領會。加之，它歸趣於一切無相，也覺得情事無寄，與北地禪風特別是惠稠一系（這是北方原有的禪法上再加菩提流支的譯侶勒那、佛陀二人所傳而構成的）由四念處下手而確有憑依的恰恰相反，於是引起了糾紛。有些「滯文之徒，是非紛舉」，這是積極的攻擊。又有些「文學之士，多不齒之」，這是消極的不理[5]。這些還在其次，獨有當時在其執禪壇牛耳的道恆，為了保全他自己的地盤，竟賄賂官府，屠害慧可，幾至於死。這樣一來，慧可受了嚴重的打擊，終於潦倒多年，「卒無榮嗣」。但從此以後，北禪在思想上，不用說也受到了相當的刺激，自會注意吸收「楞伽」經意來略變其說，這就有新的禪法理論在醞釀著了。不久，周武帝實行毀滅佛教的政策，佛教界發生了一度紊亂，人也散了，書也燒了，這時醞釀著的新禪法卻也借此傳播到各地。像在舒州峴山地方，就有人傳新法於道信，而有一行三昧的提倡。一經闡揚，重啟禪風的東山法門也跟著出來了。等到周武滅法事故過去，這一新禪法又繼續風行北地而成了主流。我們推想，在這段時期內，如有人將新禪的理論方法筆之於書，自然會成一部很好的止觀教程。——《大乘起信論》可說即是在這樣情況下制作出來的。由於北禪傳統重視馬鳴，所以它偽託為馬鳴的原著，譯人不便杜撰，便付闕如，恰恰其時真諦的譯籍陸續北傳，所以也有人推測它也是真諦所譯，因而《法經錄》裡有那一段「人云真諦譯，……」的記載。以上是從禪法在北方的演變經過中推尋所得「起信」的來歷，要是從思想的社會根源上看，也可見「起信」是會在那一時期內撰述出來的。北朝佛教一向為政治所利用，而得以滋長。從北魏有了僧祇戶、浮屠戶等制度之後，佛教寺院愈加重了對農民的剝削，也愈密切了和統治階級的共同利害關係，自也不願稍變現狀。這反映在教徒的思想上，就成了消極保守，而將事物的現成樣子看成最為完美無缺。再經過周武滅法的事故，教徒們志望恢復佛教舊狀，這就更加強了他們保守的傾向。我們看「起信」理論中所有真心本覺以及返本還源等說法，豈不是那些保守思想集中的反映！所以說它在一時期內成書，是再合理不過的。

「起信」之為根據魏譯「楞伽」撰成之作，已如上述，但後來唐代又出現了「起信」的實叉難陀譯本，這又是怎麼一回事呢？我們說，這也可以由它和禪法的關係明了它的真相的。

本來禪家道信一系的東山法門是和「起信」的思想一脈相通的。到了「起信」成書流行以後，那一系的人更將它看作重要的典據。如晚近在敦煌卷子裡所發現的有關著述，《楞伽師資記》、《法寶記》，文中引證經論都以「起信」放在重要的地位。再從禪觀的方面去看，就愈加具體地見到它們中間的密切關係。依照唐代圭峰《禪源諸詮集都序》所評述，東山一系屬於當時禪家三宗中的第一息妄修心宗。它的禪法是「背境觀心，息滅妄念，念盡即覺，無所不知」。圭峰對此沒有再加詳細說明，但現在來看「起信」（舊本）解說修行止觀的一段話說：

> 若修止者，住於靜處，端坐正意，……亦不得隨心外念境界，後以心除心，心若馳散，即當攝來住於正念。

這就明明是東山禪法中背境觀心的注腳。「起信」還在從不覺向覺的一段過程中，詳細地說：

如二乘觀智，初發意菩薩等，覺於異念，念無異相，以舍粗分別執著相故，名相似覺。如法身菩薩等，覺於念住，念無住相，以離分別粗念故，名隨分覺。如菩薩地盡，滿足方便，一念相應，覺心初起，心無初相，以遠離微細念故，得見心性，心即常住，名究竟覺。……若得無念者則知心相生住異滅，……本來平等，同一覺故。

這樣由明白了心的生住異滅而成其無念，正是說明了東山禪法中息滅妄念的方法。由此可見「起信」和東山法門的關係再密切不過。但東山一系人才濟濟，著名的即有十師，從神秀、智詵以下，都堪為師表，弘化一方。像神秀那樣為幾代的統治者所尊重，固不用說，即智詵、老安等也都同樣地受到了優遇。在他們教人禪法的方面，自然會有各具特點的要求。像舊本「起信」那樣的固定說法，取為依據，未免太無靈活性而顯得不夠用了。依常情的想法，假使有個機會，能在舊本「起信」的文字上略加修改，作為他們不同方法的張本，豈不更好？巧得很，那時恰恰遇到了連年政變，朝廷主持的譯場也受到影響，像實叉難陀、義淨的譯本就有好些都散失了，等到政局安定之後才又向各方搜羅求備。有了這一個機會，於是一批來歷不明的書，像《楞嚴經》、《圓覺經》等，都陸續出來了，這中間就夾染著一本題為實叉難陀重譯的《大乘起信論》，這自然是有所為而改訂舊本以成的。現在試對照舊本看一看，果然在新本中好些地方都改動了，特別是說觀心息念等處。它說觀心是：

其修止者，住寂靜處，……前心依境，次舍於境；後念依心，次舍於心；以心馳外境，攝住內心。

舊本此段譯文甚為含渾，這裡則整整齊齊分成三段，也就是成為「三句」了。又它說息念是：

如二乘人及初業菩薩，覺有念無念體相別異，以舍粗分別故，名相似覺。如法身菩薩，覺念無念皆無有相，舍中品分別故，名隨分覺。若超過菩薩地，究竟道滿足，一念相應，覺心初起，始名為覺，……名究竟覺。

又說：

若息妄念，即知心生住異滅皆悉無相，……如是知已，則知始覺不可得，以不異本覺故。

這些話，說明由於了解到心沒有生住異滅相，而後成其息念。這就和舊本此段所說知心的生住異滅相方成無念著，恰恰相反。所以舊本很明顯地分為覺於念滅以至覺於念生的四段，而在新本上完全沒有了。還有，在舊本裡次第說由不覺而始覺，而合於本覺，而新本卻在末段加上「始名為覺」一句，似乎到最後究竟覺才成其為覺。這樣不承認有次第的始覺，又含著頓漸不同的看法在內。用禪家的術語來講，則舊本所主張的是「漸修漸悟」，而新本則主張「漸修頓悟」。這完全是兩樣的。試問：東山系中是否有人由於不同的主張需要新本說法來作為根據的呢？有的，他就是智詵。智詵後來弘法四川，在禪宗內與神秀平分秋色，世稱南詵北秀。他就是主張漸修頓悟，又以三句方法來教人的。據圭峰《圓覺經大疏鈔》卷三之下所說，智詵的三句是無憶（不憶外境）、無念（不念內心）、無忘（覺常相應）。這些豈非與新本「起信」改訂的三層一模一樣？並且大禪師們多不能文甚至文盲，所以常有傳授而無文記，智詵在弘忍門下則以文筆著名，這樣，很可推想新本「起信」大概即是智詵一系所改作的。或者有人想，也許是有了新譯「起信」，智詵才有那樣的主張的，這未免為古人所欺。我們看新本改「覺念異相，念無相異」等句成為「覺有念無念體相則異」等，將原本意有轉折的文句（依法藏《起信論義記》解覺念異等是說，明白了念的異相，念就不會再走異的路子；可見其間有一轉折），改成一氣貫下的單句。這樣的破句讀法，只有在漢文的結構中才會發生。至於梵本虛實各字區別顯然，很難有那樣兩種不同的譯法的。所以說它自梵本，只欺人之談而已。新本「起信」初出，即附有序文，那裡面說到：「然與舊翻時有出沒，又梵本非一也。」照我們看，它根本不是翻譯，就無梵本非一之可言，倒是說蓋譯者（也就是作者）之意可能是實話，那些文句上的出入都是改作者意為以之耳。又《開元錄》卷九記載實叉難陀譯本十九部，列入《大乘起信論》二卷，但據法藏《華嚴經傳記》卷一，只云難陀譯經十九部，不云譯論，《開元錄》所載只是出之推測，不足為據。法藏所著各書引到「起信」處，皆用舊本之文。他是參與難陀譯事的，如難陀真正重新譯了「起信」，他豈有不知、不引，甚至不一提及（如法藏注舊本「起信」即未提到新譯一字）？這也可以旁證新本「起信」之並非翻譯而只是禪家對於舊本的改作——上面這樣究明所謂唐譯「起信」的真相，我們想，它也有助於證成前文所說舊本「起信」的來歷，不會與事實有多大出入吧！

《學術月刊》一九六二年四月、《現代佛學》一九六二年五月

---

1 據西藏佛教史家所傳，現存「楞伽」即屬大本中〈如來藏品〉一品。見王沂義譯多羅那陀的《印度佛教史》第二十章，刊本第四十五頁。

2 這一段見於宋譯「楞伽」卷四，「藏要」本第五十六至五十七頁。「楞伽」用八識說來解釋人的意識，而以其基層部分為第八

識。就這一部分含藏著能生其餘七種識等一切染法的習氣而言，即稱為藏識。又就其並能含藏淨法的習氣發起修行以孕育如來而言，也稱為如來藏。名稱雖有不同，其實都說的是基層心識。

3 用宋譯經文，下同。

4 見慧遠〈達摩多羅禪經序〉。序文說：「每慨大教東流，禪數尤寡，……頃鳩摩耆婆宣馬鳴所述，乃有此業。」

5 以上均見道宣《續高僧傳》卷十六〈慧可傳〉。

唐代禪宗學說略述

禪宗思想的源流

禪宗的「禪」，原是「止觀」的意思。止觀方法即禪法，隨著佛家的典籍，從漢末就傳來中國。最初，安世高的翻譯有好些和禪法相關，祇是用「對法」分析的法數作止觀對象，構成「禪數」形式，始終不出小乘學說的範圍。大乘禪法的流行，遠在其後東晉羅什、佛陀跋陀羅的時候。他們譯出《坐禪三昧經》、《達多羅摩禪經》等，介紹了各種方法，尤其重要的是「念佛法門」。由觀念佛的相（三十二相）、好（八十隨形好）、佛的功德（百四十不共法），以至諸法實相，都從念佛法門引申而來，卻沒有更上一著。到了南朝劉宋求那跋陀羅翻譯《楞伽經》，列舉愚夫所行禪、觀察義禪、攀緣如禪、如來禪四種名目，而以具備自覺聖智內容的如來禪為止觀的最高層，契合於「如來藏心」（這是《楞伽經》裡看成真如的異門）的攀緣如禪作它的階梯，這樣直截指示佛家實踐的究竟和源頭，便啟發了當時講究禪法的人去另闢途徑。中國禪法的思想即導源於此。禪宗所託始的菩提達磨雖然原來指的是佛陀跋陀羅所譯禪經中的達磨多羅禪師，但是開始宏揚達磨學說的慧可（四八七至五九三年）、僧璨（至六〇六年）師弟都稱為楞伽師，都用「楞伽」的經文來做實踐的印證。後來三四傳的道信（五八〇至六五一）、弘忍（六〇二至六七五年）師弟受到「起信論」的影響，提出了「一行三昧」之說，似乎趨向轉變，更接近「般若」的思想，其實「起信論」的最後根據依舊是在魏譯「楞伽」的異義上面的。只有被看作得著弘忍真傳的慧能（六三八至七一三年）纔改變主張，用《金剛般若經》為正宗。這在一方面，由於當時《楞伽經》的傳習已經偏重文句的疏解，不免名相支離，失卻指導實踐的精神，不能不另求簡要的典據。另方面，也由於當時有了無著的「金剛經論」這一種新詮被譯家介紹過來，改變了佛家一向對於禪的看法，而將禪的意義擴大了，不一定要靜坐斂心才算禪，就在平常的動作云謂裡，都可以和禪打成一片。慧能禪法的新主張，不無受著這樣理論影響之點。

禪宗的暢行是在弘忍以後的事。弘忍定住在黃梅雙峰山東的馮墓山，聚徒講習，門下人才很多，傑出的就有神秀（六〇五至七〇六年）、慧能、慧安（老安，五八二至七〇九年）、智詵（六一一至七〇二年）玄賾等十一人。神秀謹守規模，「特奉楞伽，遞為心要」。晚年和他的弟子輩義福（六五八至七三六年）、普寂（六五一至七三九年）去京洛，受到王公大臣的特殊推崇。慧能在嶺南宣傳他的簡易法門，力求和平民接近，保持禪家開宗以來的本色。不久，得著弟子懷讓（六七七至七四四年）、行思（至七四〇年）和再傳的馬祖（道一，七〇九至七八八年）、希遷（七〇〇至七九〇年）的闡揚，逐漸擴大學說的影響到江西（包括現今的湖南地區在內）一帶，而與在北方佔有勢力的神秀一系成了對峙的形勢。不過當時各家還都是順著達磨以來的世系，排列次序為六代、七代；並且神秀門下所傳「古禪訓」說，「宋太祖時，求那跋陀羅三藏禪師以楞嚴傳燈起南天竺國，名曰南宗，次傳菩提達磨禪師」云云（見李知非序淨覺《注般若心經》），所以秀門普寂便自稱為南宗，他和慧能門下未見有何諍論。直到慧能死了二十年之後，他的晚年弟子神會（六六八至六七〇年）一再在河南滑臺大雲寺（開元二十二年、西元七三四年）、洛陽荷澤寺（天寶八年、西元七四九年）對神秀學系大加攻擊，說他們「師承是傍，法門是漸」，只有慧能得著真傳，纔是南宗正統，堪稱為第六代。從此，慧能的學說更流行於京洛，而神會一系也自成為荷澤宗。不過，荷澤數傳以後，和神秀系的北宗（這是神會論定是非以後，時人對於神秀系簡別的稱呼，但在神會的議論裡，好像「南能、北秀」早有定評，而南北兩宗之說也流行已久了）先後衰落，反是懷讓、行思兩家得著馬祖、石頭（希遷）的繼承，門庭日盛。到了晚唐，南宗傳播地區愈廣，教授的禪師也方便各別，遂有五派區分，卻都屬於那兩家的系統。此外，還有江南牛頭法融（五九四至六五七年）一系，也稱得著道信的印證，在傳承中並雜有曾從僧璨同門寶月問學的智嚴（法融初傳弟子，六〇〇至六七七年）和得法於弘忍的法持（法融三傳，六三五至七〇二年），因此，南宗各家也很重視他們，像荷澤宗的圭峰宗密（七八〇至八四一年年）所作《禪源諸詮集都序》說禪有三宗，又作《禪門師資承襲圖》敘禪法五宗，都將法融一系包括在內。不過此宗祖述「三論」，主張

「心寂境如」，以寂靜虛明為歸宿，說不到自性妙用的一邊，不能算禪家的正宗。

另外，南宗自敘達摩以上的傳承，從神會在「定是非」一場議論裡依據《達摩多羅禪經》，說達摩是迦葉傳來的第八代以後，便將禪宗向來公認求那跋陀羅為初祖而達摩為二世之說（詳見玄賾門下淨覺所撰《楞伽師資記》）根本推翻了。後來荷澤宗徒編纂「壇經」，更引用「付法藏傳」的世系來充實這一說法，就以達摩為二十八世（依敦煌本「壇經」，這是在「付法藏傳」二十三世以後再加上「禪經」的五世而成）。當時雖略有異議（像李華撰《左溪大師碑》、又佚名作《歷代法寶記》，都說二十九世），但最後仍以二十八世為通說，不過於人名、次第稍加改動罷了（這可參考《寶林傳》）。和世系說相連帶的，還有一「傳衣」的問題。南宗主張「從上以來，六代只許一人，終無有二，縱有千萬學徒，亦只許一人承後」；這「譬如一四天下，唯有一轉輪王，又如一世界，唯有一佛出世」。但憑何為據呢？這便要衣法並傳了，但說傳法是不足置信的。神會在「定是非」的辯論裡堅持慧能是南宗正統，其理由之一，即是「代代相承以傳衣為信，令弘法者得有稟承，學道者得知宗旨不錯謬故」。而弘忍將袈裟付與慧能也是事實，所以唐中宗嘗說，「『朕』每節一乘，『安秀』二師並推讓云，南方有如禪師，密受忍大師衣法，可就彼問」（見《全唐文》第十七卷〈中宗詔〉）。至於後來這袈裟的傳授如何，神會說得很隱約，只說將來自有分曉。這至少表明他並沒有得著衣傳。據現存的唐代文獻看，曹溪的傳衣曾經於肅宗的上元元年（七六〇年）取得宮中供養，不久，於代宗永泰元年（七六五年）又送了回去（見《全唐文》第四十八卷〈代宗詔〉），以後便不明瞭了。《歷代法寶記》也說武后迎慧能去京未成，就取了傳衣供養，後來落到智詵一系手裡。那完全是虛構之說。不過，南宗傳衣制度，似乎就到慧能為止（見《禪門師資承襲圖》），所以向後「一華五葉」，無妨平等齊觀，不必再有這些枝節的爭端了。

幾種禪宗要典的思想

禪宗原來是自居教外，而標榜著單傳心印，不立語言文字的，但到後來，流傳的文字記載卻特別繁雜。歷代著名的各家都有語錄，固然不用說了，就是最初的幾代祖師，傳記裡雖明說沒有文記，或者事實上真是沒有的，而現在仍舊流傳著有關他們議論的著述。像創宗的達摩祖師，後世認為他親說的著述就有好幾種，甚至還有人將那些編成《少室六門集》。此外，三祖僧璨有《信心銘》，六祖慧能有口述「壇經」，這些都被後人認為禪宗要典。其間雖還不免有是非真偽等問題，可是既為後人所深信，實際對於禪家思想也已發生過影響，無妨看它們為禪家尤其是南宗的根本典據，而略加解說。

關於達摩思想的著述，比較可信的是《略辨大乘入道四行「觀」》。這早見於道宣《續高僧傳》第十六卷〈菩提達磨傳〉，其後，淨覺的《楞伽師資記》也有同樣的文章，很少經過改竄的痕跡，應該是最近原型的了。在這一篇簡短的文字裡，很扼要地區分入道方便為「理」「行」兩途。用理入來安心，作為一種把握；又用行入來發起行動，以便隨時隨地的踐履。理入要點在於啟發深信「含生同一真性，但為客塵所覆，不能顯了」。要是能瞭然明白此義，和實際道理相符，自然應付一切都有了依據，又都會恰當。這種思想基本上出於《楞伽經》所說眾生都有「如來藏」，但也聯繫著當時涅槃師「一切眾生皆有佛性」之說。所謂「同一真性」，無異同一佛性。啟發深信有待於經教，故說「藉教悟宗」，也就是後人常說的用經教發明心地，祇是構成信仰之後，便不再憑藉言教。其次，從理入發生踐行，凡有四種：對於過去，認為從前所作的惡業，應有和它相應的苦惱果報，受之不疑，這叫做「報冤行」。對於現在，種種苦樂的遭遇，純以無我的看法處理它，並不計較得失，這叫做「隨緣行」。對於未來，看三界如同火宅，意在出離，不加貪著，這叫做「無所求行」。這樣構成很自然的態度，為的是明空理，為的是除妄想，而來行一切行，以至所行無事，這叫做「稱法行」。

禪宗所傳達磨的思想，特別重視「安心」，並取世間禪觀下地法為障有如厚壁的意思（見唐譯《俱舍論》卷二十四）。說安心的觀法也應該如壁「堅定不移」，所以稱為「壁觀」。至於稱法而行所行無事更有一任自然無為而為的用意。我們想，這裡面也許夾雜著中國玄學思想的成分。關於這一點。在託名三祖僧璨所作的《信心銘》上表現得更清楚。此銘是韻文四言句，共一百四十六句。它標舉真如法界（宇宙萬法的當體）不二為宗，極言一切法即一法，一法即一切法，所以「萬法一如」。要求於修行者的，是「萬法齊觀」，而來「復其本然」；不於境界作「有」的分別，也不作「空」的分別，一切二邊對待的「見」都消滅了，自然心地現出本真——這就是「不用求真，唯須息見」的工夫。見如何能息？這又應該「歸根返照」「放之自然」，以到達「任性合道，逍遙絕惱」的境界。所以總結說：「至道無難，唯嫌簡擇」。如上所說，豈不有些和齊物逍遙的思想相通？後來禪家受了這種影響，益向玄學的方面發展，自不足為異了。

慧能的思想，現祇有「壇經」可考。這部著述雖不一定全是慧能所說，並且顯然編纂於神會門徒之手（此據韋處厚為馬祖弟子鵝湖大義所作碑銘說洛有神會，得總持之印，竟成「壇經」傳宗而知），連懷讓、行思的名字，都沒有列入慧能弟子輩內，但在後世南宗學徒仍公認這書的價值，實際上各家思想也和它真是脈絡貫通的。不過，現行的「壇經」本子經過宋（契嵩）元（宗寶）人的改訂，只有敦煌發現的卷子比較近真。據卷子末尾所記傳授，已是慧能門下法海一系的再傳，距離慧能死時至少也有四五十年了。那時南北宗的主張早經判明，勢力優劣也已決定，所以「壇經」本文裡帶著很濃厚的派別色彩，不可不注意分析。

「壇經」的中心思想，即是單刀直入的頓教。這不用說，針對著北宗所弘的漸教而建立。但是，漸頓純是見道的過程區別，如果推論到最後根據，似乎南北兩宗並沒有什麼不同。所以說，「法即一種，見所遲疾，見遲即漸，見疾即頓。」並且，在南宗的法門中，也含有漸的一種，不過不採用它而已。所以又說，「我此法門，從上以來，頓漸皆以無念為宗，無相為體，無住為本。」至於法即一種的「法」，意指真如（即是不變的）本性，而當屬於每一個人的自心。人心本性原來是清淨，具備菩提，般若之知，只緣一向迷妄顛倒，不能自悟。如得善知識啟發，修習念念不著法相的「般若行」，一旦妄念俱滅（這是「無念」的極致），真智發露，自會內外明徹，識自本心，而成「般若三昧」，也就是「識心見性，自成佛道」的頓悟。從此以後，於境無染，自在解脫，雖仍不廢修行，但既已悟到自性具足萬德，無欠無缺，所以再有修習，也於體上增不得一分，只得隨事體驗，充實德用而已。神會也說這種修行為頓悟漸修，譬如母頓生子，用乳漸養，智慧自然漸增。北宗為了漸悟而漸修與此完全不同。並且從「壇經」所引神秀和慧能的兩個呈心偈語看，神秀所悟見的實未徹底，和那悟境相應的修，更不能與南宗相提並論了。

南宗的修證雖從無念著手，但他們的禪法重在「但行直心，不著法相」，所以成為一行（一類行相的）三昧，並不限於靜坐一途，卻在一切時中，行住坐臥，道法流通。而且定慧雙行，如燈發光，事成一體。這就完全反對北宗的教人靜坐看心、看淨、不動、不起（神秀門下更將這些機械地說成「凝心入定」「住心看淨」「起心外照」「攝心內證」），以為那樣將心境分為兩截，再也不會契心自性而發生智慧的。我們想，南宗禪法的根本精神貫穿著無相、無住，又特提般若行，在《大般若經》裡發揮無相、無住意義最透徹的《金剛般若經》，恰恰給他們很好的根據。因此，慧能一再說聽聞《金剛經》言下便悟；又說，「若欲入甚深法界，入般若三昧者，直須修般若行，但持《金剛般若經》一卷，即得見性入般若三昧。」這樣便將從來用《楞伽經》印心之說輕輕換過了。

此外，南宗教人，強調「自度」，所謂「見自性清淨，自修自作法身，自行佛行，自成佛道」。由此對於當時側重他力的淨土法門，不得不另有一種看法。他們以為西方去此不遠，

「只為迷者說遠說近」，「迷人念佛生彼，悟者自淨其心」，心淨土淨，當前無異西方。如此通融解釋，用意深長，是很耐人尋味的。

禪和生活

禪家南宗的主張經過南岳、青原一二傳以後，便將禪的意味滲透在學人的日常生活裡，使它構成一種隨緣任運的態度。嚴格地說來，這已不屬於佛家三學的純正類型，而它的理論根據也和教說相去漸遠了。本來，南宗主張定慧等學，不分先後，是用契理的知行合一來解釋定慧為一件事的兩方面，又還說外離相即禪，內不亂即定，這樣早已擴大了禪定的範圍。到了南岳的啟發馬祖，更生動地用磨磚不能成鏡來形容坐禪無從作佛，就不再拘泥平常所說靜坐習禪那些工夫了。但是，禪家一切行為的動機，始終在向上一著，探求生死不染、去住自由的境界，並且不肯泛泛地去走迂迴曲折的道路，而要直截了當把握到成佛的根源。這個根源，在他們所認識到的，即是人們的心地，也可稱為本心。說心還嫌空靈，於是從心思所表現的各方面即言語舉動等等來講。像馬祖門下的大珠（慧海）回答如何用功修道的問題就說，「饑來吃飯，睏來即眠」；而這些和常人不同之點，即在當時毫無計較，純任本然。他們又常常說「平常心是道」，「擬議即乖」，可見都是在日常生活上著眼的。後來更有人說這些不但是心的作用，而且是性的發現，所引的論據即異見王和波羅提尊者的問答。波羅提說見性是佛，性在作用，意指見聞覺知，這樣說成性和作用無異。宋明理學家很不滿意這種看法，常批評禪宗只知道心而不明白什麼是性，因為泛泛的見聞覺知並沒有當為不當為的意義，自然說不上是性。但在禪家認定「即心即佛」，不假修成，由此本心流露無不解脫，是無妨看它作性的。所謂真正道人，「隨緣消舊葉，任運著衣裳」，當行就行，當止就止，自然合泊而成為隨緣任運的生活。

禪家這種態度的修養，是經過相當努力而有幾個階段的。粗淺些說，至少可分三層次第：最初要有迫切的尋求，其次湊泊悟解，發明心地，再次是「保任」和「行解相應」。在心地發明的時候，也有人看它作一種神祕經驗，以為是屬於宗教的。這如果像後世禪家專門在生死上用心，所謂「大事未明，如喪考妣」的那樣去尋求一個歸宿處，自不免和宗教相通。至於講到如何才能湊泊，這特別重在「返照」的工夫，像臨濟（義玄，馬祖下三傳，八七六年）在這一點上嘗指示學者，要從「解得說聽、歷歷孤明」的地方去返躬把握，假使求之於外，就愈來愈遠而成為枝蔓了。不過，這種返照的契機並非很容易地就會遇到。從前大珠由家鄉越州去江西參訪馬祖，馬祖責備他為何不顧自家寶藏卻拋家散走，他反問什麼是自家寶藏，馬祖說「即今問我者是」，他到此才言下恍然。這可見契機的難得。到了後世，禪家接引學者每每不能明白指點，而純任機鋒領會，那就越發不易了。像有僧人問洞山（良价，石頭下三傳，八〇七至八六九年）如何是佛，他答道：「麻三斤。」這當然不是叫問者在這句話上用心，只是把他的心思擋了回去，引起返照。如果真能在疑心的源頭得著端的，便是成佛的本源；但這對於泛泛的根機是很不相宜的。返照的另一方面，也被看成念起即落，不容轉折。百丈（懷海，馬祖下一傳，七四九至八一四年）常用「頓悟法門」教人說，先歇諸緣，休息萬事，不被境惑，自是解脫。這因為本心原來沒有諸緣諸念，不涉萬事，所以一歇了念頭，便直下本心顯露，發生見用。由此，見即是性，而成為見性的狀態，並非另外有見去見性的。

禪家從悟解把握到踐行的本源以後，還須注意保任的工夫。這由於有了徹底的、全面的理解，便能堅定地承當而應付一切行事。禪家也說這是「自肯」。像大梅（法常，七五二至八三九年）從馬祖那裡聽到「即心即佛」一句話開悟之後，就另去梅山居住，馬祖派人考驗他說，現在馬祖講的又不同了，不說即心即佛而說「非心非佛」。大梅回答說，這老漢只管用話頭來惑人，任他非心非佛，我只即心即佛。馬祖聽到了這才承認「梅子熟了」。禪家如此一門深入而透徹全體，並不比片面固執，動輒疑滯，由此便有了「直心」，「一切時中視聽尋常，更無委曲」。這說明禪家的生活態度原是十分嚴肅、謹慎，並沒有放任意思的。所以曹山（本寂，石頭下四傳，八四〇至九〇一年）答人怎樣保任的問題說，要像路過蠱毒之鄉，水也不得沾得一滴。用這樣心情來做保任工夫，也可說禪家的修證即在於此。所謂心地的體性——「理性」雖可豁然徹悟，而習氣淨盡卻要逐事去體驗。溈山（靈祐，馬祖下再傳，七七一至八五三年）解釋這一回事說，「實際理地不受一塵，萬行門中不捨一法」；禪家就是這樣由「頓悟漸修」的途徑來在保任中間完成他們的實踐的。

從慧能印可南岳的「修證即不無，污染即不得」那句話裡，我們可以理會到南宗的修持是認定心地的不受染污，而要使它隨地都能灼然朗照。換句話說，即是要心地的理性隨處體現，作為修證，那麼，理性何所指呢？這可看成佛家果位的涅槃境界提到因位來作目標而言。它的內容應該「三德」具足：在能照、能見的一方面是正智（般若），所照、所見的一方面是法身，由能所交涉所得的結果是解脫。所謂禪的生活，不外於日常行事中隨時體現這樣的境界。但是，關於體現的方法有兩種不同的見解，後來發展為各派的家風。第一種可稱為「觸目而真」的見解，要從全體（理）上顯現出個別（事）來。這樣境隨心淨原是當念光透十方而萬法一如，馬祖的真傳宗旨正屬如此。他的門下大珠解釋這一點說，迷人不知法身無象，應物現形，就稱「青青翠竹總是法身，鬱鬱黃花無非般若」，在講教的人或者以為這樣說法是夠透徹的了，其實還著了跡象，真要這樣比擬法身般若，豈非都成了無情的草木？所以，真正悟法的縱橫自在，隨處都顯現法身，並不限於翠竹黃花。這一見解經過黃檗（希蓮，馬祖下再傳，？至八五〇年）、臨濟師弟的盡量發揮，就有了臨濟一派。而溈山、仰山（慧寂，八一四至八九〇年）師弟用全體顯現大用來作修養的宗旨，開出溈仰一派，也是依據這一種見解的。此外，另有第二種「即事而真」的見解，要從個別（事）上顯現出全體（理），這可說形成於石頭（希遷）的議論裡。他嘗讀《肇論》，對於「會萬物為己者其惟聖人乎」一句話很有會心，就寫成一篇「參同契」。大意說，要是將理事分別開來看，執事固迷，契理也非悟；如果合攏兩者來看，每一門都有一切境界在，所謂「門門一切境，回互不回互」，這裡面有互相含攝的地方，也有相排斥的地方。這樣看一切事象，自能圓轉無礙，而人的行為也可以隨緣出沒了。此說再傳到雲岩（曇晟，七七〇至八二九年）更提出了「寶鏡三昧」的法門，意謂人觀萬象應該和面臨寶鏡一般，鏡裡是影子，鏡外是形貌，如此形貌相睹，渠（影）正是汝（形），從而說明了「由個別上能顯現出全體」的境界。他的門人洞山常說「只遮個是」，曹山也跟著說「即相即真」，到得後來成功曹洞一派，從事象各別交涉的關係上建立偏正回互、五位功勳等等看法，就愈運用得細緻了。石頭的主張另經他門下天皇（道悟，七四八至八〇七年）傳了幾代，生出雲門（由文偃創派）、法眼（由文益創派）兩派，看重在一切現成，都和即事而真的意思一脈貫通，所以他們中間的淵源很為清楚。南宋人對這一點發生異議，以為雲門、法門都出於南岳系天王道悟傳承，和石頭下的道悟並無關係，現在看來，這不過是門戶之爭（當時反對雲門宗的盛行，故作此說），其實是沒有根據的。

略評

禪宗一向是依著《楞伽經》宗通和說通相對的說法，而自居於教外別傳的。但它並非和教完全絕緣，不過表示所得的傳授不在言教文字上，卻另有其「心印」；如果借用現成的解釋，便是雲門所謂不從學解機智得之。更克實些說，禪宗的主旨在於「見性成佛」，這個性所指的佛性原是大乘經典裡一個重要論點。假使不拘名相，那麼，大乘所講的義理隨處都和佛性相關，不過對於佛性的指示僅僅依賴言教總覺得不很夠的。所以，從前有個座主去問臨濟，三藏十二部豈不都在那裡說佛性，禪法有何希奇！臨濟回答說，「荒草不曾鋤」。座主不滿意，以為佛豈騙人，臨濟再反問他「佛在什麼處」，他才無話可講。由這段公案看來，可見禪家對於言教，認為一片荒蕪還待開闢，並非俯拾即是的。如果像平常尋章摘句地去了解，豈但佛性無從見得，便連佛也認識不到的。那麼，又怎樣去開闢荒蕪？這就要有「正法眼藏」的揀別，而非用禪的指點不可了。禪家雖也曾取《楞伽經》作過印證，又曾以《金剛經》、《法華經》、《維摩經》作憑藉，乃至後世還採用到《楞嚴經》、《圓覺經》，似乎仍須遵從言教，但其實不盡然。他們引據經教大都斷章取義，並且別為之解，絕不能用文字去拘束它。像馬祖常常說《楞伽經》以佛語心為宗，田此「即心即佛」是有來歷的。實則《楞伽經》篇名佛語心的心字（Hrda）是說「樞要」，並非思慮之心（Gitta），而禪家完全不管這些區別。所以，他們運用經教極其自由，又還反對機械的解釋，以為不問根器高下，不看時節因緣，終會成為格格不入的。也即由於這樣情形，我們從典據的方面說，禪家是佛學思想在中國的一種發展，同時是一種創作。在印度的純粹佛學裡固然沒有這種類型，而它的基本理論始終以「起信論」一類的「本覺」思想貫穿著，又顯然是憑藉中國思想來豐富它的內容的。

我們更從中國佛學思想的流變上看禪家南宗的盛行，可說是反映著當時佛家由於實踐的要求對一般義學的信仰的反抗趨勢。禪家最初很重視《楞伽經》，傳說達磨以來就是以此經相授受的。但經文經過義學家的輾轉講解，破碎支離，反而成了禪法的蔽障。在《續高僧傳》卷十六〈慧可傳〉裡就明白的說，「此經四世之後，變成名相，一何可悲！」四世之後正指著慧能的時代。那時南宗禪家為著擺脫這種名相紛繁的累贅，已自不能不另取文句簡單的《金剛經》來作印證了。像這樣地要擺脫思想上的束縛而直截發揮自己的體會，又特別強調自力（像石頭致書南嶽的問答，以「寧可永劫受沉淪，不從諸聖求解脫」為言），主張平等（乃至說狗子也有佛性），並還提倡在世事上的實踐（像敦煌本「壇經」的「無相頌」說，「法元在世間，於世出世間，勿離世間上，外求出世間」，後世改為「不離世間覺」云云）。這些對於當時一般佛學沉湎義解，或依賴他力，或脫離實際的思想，力求解放，是有其積極的意義的，尤其是這種思想開展於嶺南一帶文化比較新興的地方，而提倡它的慧能本人，出生在沒落的士夫階級，從事努力，又係文盲，他所接觸到的平民階層生活裡嚮往自由的情緒是相當熱烈的。所以，他一聽到強調無住的《金剛經》就有會心，以至去黃梅參學，尋出一條思想的道路來，成為南宗派別。這也可說恰恰符合了當時一部分平民思想自由的要求，因之他的主張很流行於嶺南地帶，現在從「壇經」的斷片記載上可見其一斑。後來他的門人，神會敢於對當時和王公大臣淵源深厚的北宗挑戰，力爭正統，也祇憑藉南宗有群眾基礎的一點。

可是，唐代遭遇了「安史之亂」，王室為了應付軍費，多方聚斂，至德初年（七五六年）便推行納錢度僧的制度。那時候，佛教得著很好的發展機會，特別由於神會出來主持其事，便和南宗流行的趨勢相配合，在當時經濟基礎比較完整的南方，開闢出一個興盛的盛面。像馬祖所在的南康地方，就成為「選佛場」，各地學人都奔赴前去。不過那些學人奔赴的動機不一定純粹，就如丹霞（天然，西元七三九至八三四年），本是個讀書的，要進京去選官，因在路上遇著些參禪的向他說，選官不知選佛，於是他決定出了家。這樣一個禪宗大家開頭的認識還十分模糊，簡直看學佛和選官同類，所為的只是爭上游。那時各處的道場很多是這樣地構成盛況，每個地方動輒聚集三五百人，而參學的人就以領眾的多寡來評定各家造詣的高下，偏重形式，自不免有損學術的純潔性了。所以，當時有個無著禪師回答文殊所問南方佛法的情形說，末法比丘少奉戒律，正是道著病處。馬祖門下的百丈有鑑於此，特為斟酌了大小乘的戒律，創立叢林法式。他主張普遍的律寺以外，另建「禪居」，作禪宗學人的住處；那裡不用佛殿，但存「法堂」，由傳法的「長老」主持教學，並行「普請法」，上下共同勞動，耕種自給，在百丈本人便是堅持「一日不作，一日不食」的。這些規矩很能收效於一時，達到整肅風氣的目的，但是日久弊生，依然難免。像黃檗嘗責備學徒，盡是吃酒糟漢，只圖熱鬧，向八百一千人處。長沙（景岑，馬祖下再傳）也說，若是一向舉揚宗教，法堂裡須草深一丈（此即後來長慶所說「盡法無民」之意）。從這些話裡都透露出禪宗寺院有欠缺的一面。這由於那時出家的人很多是為了逃避賦役（據敬宗時李德裕奏疏，淮右人民一戶三男的常常一人出家，一時減少了壯丁幾十萬），品質不齊，自然成為魚龍雜處。因而寺院經濟的畸形發達，加強剝削（武宗時，天下僧尼不足三十萬，但佔有良田數十萬頃，作工的奴婢十五萬人），便又養成游惰坐食的風氣。這些情況發展到最後，終於在武宗會昌五年（八四五年）招來滅法的結局。當時廢寺四萬餘所，返俗僧尼二十六萬餘人，對於整個教團的打擊可說是極大的。其後不久，禁令解除，寺院逐漸恢復，就在這一契機上，禪宗分裂為幾派，像溈仰、臨濟、曹洞，先後都建立起來。它們的共同趨勢，不期然地重智輕悲，偏向接引上機，和平民的關係比較疏遠，另方面影響所及，形成清談，無補實際，於是原有的一些積極意義，也就日見消失了。

一九五四年十一月改稿畢（可能刊於《現代佛學》一九五四年十二月），《現代佛教學術叢刊（二）禪學論文集（一）》

一九八〇年十月

印度佛學

玄奘與印度佛學——從玄奘在印所著的三論說起

在我國過去許許多多求法印度的高僧裡，其能窮究精微，並發抒創見作出貢獻，給予印度佛學以一定影響的，算來只玄奘法師一人而已。

玄奘怎樣窮究了當時印度佛家的精粹學說，這從他在印時的廣泛參訪以及回國後十九年間有系統的翻譯工作上可以看得出來，早年我已有過論列（見拙稿〈慈恩宗〉第二、三節，載《現代佛學》一九五三年九月號），現不重述。至於他以獨到的見解對印度佛學作出貢獻，則主要在於他學成將返之時（約當西元六四一年），連續用梵文寫出了三部論著——《會宗論》、《制惡見論》和《三身論》。這些論著都曾傳誦一時發生了影響，《續高僧傳》、〈玄奘傳〉、《慈恩傳》、《古今譯經圖記》等備載其事，稍後的《開元釋教錄》卷八還據以作了扼要的敘述說：

初，那爛陀寺大德師子光等立「中」、「百」論宗，破「瑜伽」等義。奘曰：「聖人作論終不相違，但學有向背耳。」因造《會宗論》三千頌，融會「瑜伽」、「中」、「百」之旨。先有南印度王灌頂師名般若毱多，明正量部，造《破大乘論》七百頌；奘申大乘義破之，名《制惡見論》，千六百頌。諸師咸曰：「斯論窮天下之勍寇也，何敵當之！」又東印度拘摩羅王因奘通化，初開信門，請問諸佛何所功德。奘贊如來三身利物，因作《三身論》三百頌以贈之。王曰：「未曾有也！」頂戴歸依。——斯之三論，義府幽奧，五印度境盛傳流布。是知道風昭著，德行高明，學蘊三冬，聲馳萬里。印度學人咸仰盛德，既曰經笥，亦稱法將，小乘學使號奘為「木叉提婆」，唐言「解脫天」；大乘法眾號「摩訶耶那提婆」，唐言「大乘天」。斯乃高其德而傳徽號，敬其人而議嘉名。

的確，玄奘三論所發揮的思想，對於當時印度佛學的闡揚有其重要的意義，而玄奘最後獲得很大的榮譽也是與三論的寫作分不開的。可惜三論都沒有翻譯流傳，僅僅留下了一些零星資料。它們的主要內容如何，現在只能作簡單的推論了。

先說《會宗論》。這是和會中觀與瑜伽行兩派爭端之作。印度大乘佛學的顯然分裂，乃由清辨（約四九〇至五七〇年）所引起。這在他所著《中觀心論釋思擇焰論》第五品〈入決擇瑜伽師真實品〉裡指名道姓地痛駁瑜伽宗義。事實表現得十分清楚，無庸置疑。當玄奘到達那爛陀時，寺中早已形成了兩派對峙。玄奘師事的戒賢是瑜伽行派護法（約五三〇至五六一年）的嫡傳，而持反對議論的師子光則屬於中觀派清辨一系。他們各趨極端的見解，在那爛陀似已無人再作調和之想了。但是玄奘到來，獨提出主張予以會通。《慈恩傳》卷四說：

時大德師子光先已為四眾講「中」、「百」論，述其旨破「瑜伽」義。玄奘法師妙閑「中」、「百」，又善「瑜伽」，以為：「聖人立教，各隨一意，不相違妨；惑者不能會通，謂為乖反；此乃失在傳人，「關於法也？」愍其局狹，數往征詰，復不能酬答，由是學徒漸散而宗附法師。

這說明了玄奘曾與師子光當面辯論過幾次，已經使他啞口無言，徒眾離散。但這只是從兩派說意各別的一點來解釋的。玄奘接著還作了會通，而寫成《會宗論》。《慈恩傳》在前段引文之次即說：

法師又以「中」、「百」論旨，唯破遍計所執（性），不言依他起性及圓成實性，師子光不能善悟，見論稱「一切無所得」，謂「瑜伽」所立圓成實等亦皆須遣，所以每形於言。法師為和會二宗言不相違背，乃著《會宗論》三千頌。論成，呈戒賢及大眾，無不稱善，並共宣行。師子光慚赧，遂出往菩提寺。

據此，好像玄奘簡單地應用三性的觀點就和會了兩派，這顯然是說得不夠全面的。因為「瑜伽」的三性理論，清辨早在他的著作裡反復駁斥了。瑜伽宗徒雖也有過辯解，但並未得著定論。玄奘要再提出三性來作溝通，絕不會只是舊調重彈，而必然有更進一層的說法的。我想，這可從護法的《廣百論釋》裡得到一些啟示。「論釋」的末品即〈教誡弟子品〉，注疏家看成是屬於廣立正義的部分（見文軌《廣百論釋疏》卷一），其中有一大段涉及三性的辯難，依圓測所傳，它正是清辨和瑜伽宗徒的對論（見《仁王經疏》卷一）。護去於此並不偏袒瑜伽一方，卻另外提出中道的看法。他說：

> 如是等類隨見不同，分階聖言令成多分，互興諍論各執一邊，……未會真理，隨己執情，自是非他，深可怖畏！應舍執著空有兩邊，領悟大乘不二中道。

護法這一種看法，玄奘對它很有會心。他在鷲岑北初次聽講此論時，即大感興趣，隨聽隨翻，還自慶成功，作了兩個偈頌（附在譯本之末）。其中有兩句說：「故我殉命訪真宗，欣遇隨聞隨譯訖。」這幾乎是，表示他不顧生命的危險來到印度求法，就以得聞護法之說而感到滿足。因此，他在調和兩派的論著中，不會不用這種思想來作指導，甚至還可認它為護法的正義（《仁王經疏》卷一有此一解），所以能博得戒賢等人的稱讚。靖邁的《古今譯經圖記》卷四附有玄奘小傳，談到此論時就說：

並造《會中論》，融會瑜伽、中觀之微旨，以靜大乘之糾紛。

靖邁將論名寫作「會中」，可能依據他的所知，論文的主要內容是以中道理論來作會通的。

《會宗論》在那爛陀寺流行之後，一時間平息了中觀、瑜伽之爭，但並非說兩派從此就再沒有爭論了。據義淨所傳，玄奘離開了那爛陀近三十年，他那番議論的影響依然存在，大家仍認為兩派立說各據一意不必互相是非。所以義淨在所撰〈略明般若末後一頌讚述〉中說：

> 瑜伽則真有俗無，以三性為本；中觀則中無俗有，實二諦為先……。既識分綱，理無和雜，各准聖智，誠難乖竟。

這只是一方面。另方面。中觀學者還有從此立說更趨極端的，連清辨的論論都以為不徹底，這也可說是經過玄奘一度調和之後所激起的反應。

次說《制惡見論》。關於此論的寫作與傳播經過，據《續高僧論》、〈玄奘傳〉等的記載說，先有南印度摩臘婆國王師般若毱多（慧藏），係小乘正量部學者，他依其部執作了〈破大乘論〉七百頌，東印的烏荼國小乘僧徒即用為武器來向大乘挑戰。當時中印的常治者戒日王要請那爛陀寺派遣四位大德去烏荼面論。玄奘亦膺其選，但未能成行。玄奘就寫出了《制惡見論》一千六百頌，以代舌辯。戒日王見到此論雖很贊嘆，但又希望全印學者公決這一場是非，他便邀玄奘去參加曲女城大法會。（據〈西域記〉卷五，此會是一年一度專門討論佛學的集會，其年恰逢五年一度的無遮大會會期，於是兩會就合併舉行了，唐人因此稱它為「九旬大施」，也稱其第一階段為「十八日無遮大會」。見《古今譯經圖紀》卷四，《因明入正理論疏》卷五）此會約集了十八國國王和各國的大小乘學者、婆羅門、耆那教徒等，連同那爛陀寺的一部分僧眾，共六千餘人。在這一會場上，將玄奘的《制惡見論》寫本懸掛起來，徵求辯難。過了一十八日，竟沒有人能發論端。因而玄奘的主張獲得完全勝利，他那被佛教群眾推尊為「解脫天」和「大乘天」的聲譽就更加遠播四方了。

這些記載大體可認為是事實，但說會期十八天中無人發論，則未免有些誇張。《慈恩傳》卷七載玄奘於永徽五年回答印度菩提寺小乘宗師慧天的一封信，其中就說：

> 昔因遊方在彼，遇矚光儀，曲女城會，又親交論。當時諸王及百千徒眾，定其淺。此立大乘之旨，彼豎半教之宗，往復之間，詞氣不無高下。務存正理，靡護人情，以此輙生牴觸。罷席之後，尋已豁然。今來使猶傳法師寄申謝悔，何懷固之其他！

從這段信文可見大法會上不單慧天曾有異言，即一般小乘僧徒也是反復辯論過的。只是玄奘的主張終於說服了會眾，而留下深刻的影響，所以在他離印十年之後慧天還向他表示慚愧的心情。

《制惡見論》可能是給反對大乘的一切小乘、外道的一個總答辯，而內容極其廣泛，靖邁就說它制服十八部小乘，破九十五種外道（見《古今譯經圖記》卷四）。但據現存的資料，只能想見論中和小乘對辯的幾個重要問題：

其一，小乘一般不信大乘經典出於佛說，《破大乘論》大概也提出了這種非難，所以《制惡見論》重新引用《大乘莊嚴經論》所舉成立大乘為佛說的七種理由，而對每一理由各別作了七個比量廣為論證（見《成唯識論述記》卷二十）。玄奘是最擅長因明的。他曾批評過他的老師勝軍斟酌了數十年才寫定的一個比量（這也是成立大乘為佛說的），給以改訂而成為傑作（出處同上，又見《因明入正理論疏》卷五）。因此，《制惡見論》立了那麼多的量一定很精彩，可惜未流傳下來。現存窺基的《成唯識論述記》注解那七種理由的大段裡也有一些比量，或即出於玄奘之所立亦未可知。

其二，小乘正量部主張心外有境，這和瑜伽行派唯識之說正相反對，所以依據正量部義寫成的《破大乘論》攻擊唯識是它的一個重點。它首先否定了瑜伽行派所說的阿賴耶識。以為即使引用《解深密經》來作證明，說什麼由於恐怖，使凡愚的人們聽到有此一種識，會發生我見，所以佛不隨便在小乘經中談到它，其實人們生來即有我見，經文那樣的解釋顯然是毫無意義的。玄奘《制惡見論》對此作了反駁說，我見有的是與生俱來，所謂俱生我見，也有的是由於不正確的分別所構成，所謂分別我見；前一種盡人皆有，並不妨礙修習聖道，後一種則不然，所以佛不為凡愚說有阿賴耶識免其發生分別我見，還是有其充分理由的；當然，不能因為佛未在小乘經中宣說，即以為並無此識。玄奘這一分析，很博得當時大乘學者的佩服，連《破大乘論》的作者也暗中驚嘆，因而戒日王三次約他和玄奘面談，都設辭推卻了（見《成唯識論述記》卷二十）。

其三，正量部還主張內心可以親緣外境，如手取物一般，這又和唯識理論發展到陳那時代所形成的「帶相緣境」之說相反。所以《破大乘論》的攻擊唯識，即集中於「帶相」的一點。它以為按照大乘的說法，在一般情況裡人心所了解到的只是自心變現的影像；但大乘家又說到了真實的智慧親證境界的實相時，就不容再有影像介於其間；這豈非自相矛盾，恰好證明帶相之說，根本就不能成立的嗎？據說《破大乘論》提出這一非難，曾使大乘學者無從回答而沉默了十二年（見《宗鏡錄》卷七十），直到玄奘作《制惡見論》才得了解救。玄奘以為帶相說，原來包括兩種情況：一般心思因變現境像而說為帶相，這樣的帶是變帶，相是相狀；至於親證實相，就由挾持俱起而成帶相，帶是挾帶，而相是體相。因此，情況雖然不同，但無妨都說帶相，唯識理論依舊不可動搖（見《成唯識論述記》卷四十四）。玄奘這一解釋，有力地說服了論敵，按其實際，不外以心境不離的意義來成立唯識。所以玄奘的門下，也傳說曲女城的大會上是提出一個比量（一般稱為「真唯識量」）來壓倒一切異論，而它即以境不離心為其論宗的（此量大概出於《制惡見論》中，詳見窺基《因明入正理論疏》卷五）。玄奘強調了「以不離為唯」的說法，使陳那的帶相唯識理論達到更加完善的地步；其後，陳那一系，隱然成了瑜伽行派的正宗，不能說玄奘的闡揚對它沒有影響。

後說《三身論》。關於它的內容記載最少，僅知道它是贊揚佛德的作品。從當時印度的情況看，在較大的佛教寺院裡，禮佛之次都有短贊，齋時靜夜更少不了朗誦長篇。一般所用的就有摩咥哩制吒（母儿）的「四百贊」、「一百五十贊」，陳那的「雜贊」（和「一百五十贊」之作）以及釋迦提婆的「糅雜贊」（再和陳那之作）等等（見義淨《南海寄歸傳》卷四）。玄奘酬答鳩摩羅王有關佛德之間，不取現成的贊佛作品，而另寫了《三身論》，他顯然是要突出佛有三身的意義的。大乘三身之說，到了那爛陀寺有了一群可稱為佛地論師的（如戒賢、光友等）以後，依據《佛地經》義，將三身和唯識四智理論結合起來，已得著新的發展。這群論師還以其新說相標榜，光友（即波羅頗蜜多羅）於唐初來華翻譯之時，即曾透露過這一點。他當翻譯《大乘莊嚴經論》〈菩提品〉說到三身之處，特別添加了「轉識成智」之說（現對勘梵、藏本此處原無其文），並矜為新異。因此，李百藥為此論譯本作序就說：

> 其「菩提」一品最為微妙。轉八識以成四智，束四智以具三身，詳諸經論所未曾有，可謂聞所未聞，見所未見！

借此可以看到佛地論師有關三身學說的特點。玄奘是繼承其學的，他在作《三身論》時自然會據以發揮，因而對於傳播其說影響後來，以至有《現觀莊嚴論》者等瑜伽、中觀混合派的說法，也起了作用。

玄奘在印，雖然僅僅寫了那三論，其內容可考的又僅僅只有那幾條，可是已很顯然，他對當時印度佛學的關鍵性問題，都曾以其精湛的知見，作了必要的闡明。他於全部佛學中重新論定了大乘佛說的意義，又於大乘學說中進一步明確了瑜伽與中觀相對的綱宗，還於瑜伽宗義中圓滿貫通了帶相唯識以及轉識成智、束智具身等理論。至少可以說，印度大乘佛學後來一段時期的發展，必然和玄奘那些貢獻有不少關係。我即本此意，略就所知試為論述，聊以表達紀念先哲的微忱！

《現代佛學》一九六四年四月

禪學考原

初期禪宗，自慧可至於慧能，其學凡三變。每變各有本源，各成系統，而悉與印度大乘瑜伽之說相關。當時傳譯瑜伽者前後相繼，立義紛歧，禪學受影響而數易其宗，蓋有不能自已者；惜皆髣髴似之，終未能與印度學法密合也。

大乘瑜伽至彌勒無著而集大成。其說導源於「上座部」，究極於唯心觀，學者必遍習三乘，歸趣於一，止觀實踐亦必大小兼融。譯家能源源本本傳之此土者，首推劉宋求那跋陀羅。求那無禪法專著，惟所譯之經，始以「雜含」，繼以「深密」，終以「勝鬘」、「楞伽」，始末皎然，是必深得此中三昧也。譯侶慧觀等又嘗聞上座禪師達磨多羅、佛大先之緒論，故能為之播揚，使「楞伽」宗風流行江左，繼而元魏菩提流支盛弘瑜伽於北。又重譯《楞伽經》，暢申異說。益斠世親諸論，發揮唯心緣起之義，皆中土所創聞。據此談禪，別開蹊徑。於是習南禪者慧可獨標達磨之宗，以宋譯「楞伽」與魏譯相抗，而門庭以立，此則禪宗之始也。

慧可傳達磨禪，而以宋譯「楞伽」為印證，其闕合之點究何所在？昔傳有「達磨論」十餘紙言之（見《楞伽師資記》），今散佚無可考。但取魏譯比勘宋譯，尋其根本異同，猶得見其概略。其一，據宋譯經應以如來藏為觀行之對象；如來藏即阿賴耶，亦即所觀妄境剋實之法體。其二，據宋譯經又應以心住真如為觀行之方便，故始藉言教而終歸親證。慧可之作僅存答向居士數偈（見《續高僧傳》卷十六）。其謂法不異如，凡速牟尼為瓦鑠，而有待於自覺，皆宋譯經意也。後來傳慧可之學者自稱南天竺一乘宗，又云與曇遷尚德依傍攝論之說不同；皆可為上說之佐證。《勝鬘經》據如來藏說三乘即一乘，《楞加經》則據阿賴耶之義釋之，以為如來藏與阿賴耶其名不同，其實則一。宋譯「楞伽」雅能表彰斯義，宗在「勝鬘」，故曰「一乘宗」。若在魏譯，判如來藏與阿賴耶為二，固不足語於此，故慧可禪學獨有取於宋譯「楞伽」也。至於攝論家言，於阿賴耶外另立第九清淨識以擬如來藏，其說與北道地論師相通，亦即間接受之菩提流支。慧可反對流支，反對「地論」，以至反對「攝論」家，此又勢所必至也。《續高僧傳》卷十六謂慧可於天平初北就新鄴盛開祕苑，滯文之徒是非紛舉。傳卷二十五又謂慧可創得楞伽禪法綱紐，魏境文學多不齒之。此可見宋魏兩譯見解上之如何懸異。唐代傳說且謂之達磨之死乃流支慧光毒之（見《寶林傳》卷八），更可見慧可受流支之刺激而創宗，始終在極端相反之地位也。慧可禪學有關「楞伽」者大略如此。

次更稽之實踐。《續高僧傳》載慧可之徒皆能頭陀行，又遵達磨宗旨有所謂二入四行之說。覈實皆上座禪法通之大乘者，純乎求那跋陀羅之學風也。佛家三學原以戒定慧為次，上座重視禪定，於戒尤必求其嚴淨，故以得頭陀功德為先。今上座禪書《解脫道論》尤可詳之。至於大乘瑜伽，亦不廢其法（見《瑜伽師地論》卷二十）。二入之理人曰壁觀，此即上座禪法以十遍處入門之意。修遍處者或圖曼荼羅於壁，故寂處凝然寄想於壁間，而資修習（見《解脫道論》卷四）。由遍相而無相，則上座通於大乘者也。（《瑜伽師地論》卷三十六云，修禪比丘於地遣地想，於水乃至一切除一切想，所謂不依地乃至不依一切而修禪；即此意。）又行入曰四行，亦由上座禪法觀四諦入道之法所推衍。四諦行相於諸行事驗之，乃有報怨隨緣無求稱法之名目，是亦由小入大也。是故慧可之禪學粗具大乘瑜伽之規範，可謂禪宗初期受求那跋陀羅瑜伽學說影響而成之第一系。慧可而後，僧璨、那、滿諸家相承不絕，後世亦稱為楞伽師。

復次，北方禪者有不慊宋譯「楞伽」立說之簡略，而取流支異義以為補譯者，遂有偽書《大乘起信論》之作。考印度前後流行之「楞伽」梵本，除首尾品目開合增減外，正宗文句並無變化。故流支譯文之異義，絕非所據梵本有不同，但翻傳之未工耳。有處錯解字句，如頌云意能思惟識能取境，而誤為意能念境取境，於是意之範圍寬泛無比。有處誤譯名義，如經云「名為如來藏之藏識不起」，而誤為「藏識不在如來藏中」，遂強析「如來藏」與「藏識」為二。又有處傳寫失真，如經云「自相識」，而以音近錯寫為「智相識」。此等異處即是錯處，而在當時固不能辨也。「起信論」中隨處因襲其誤，且從而為之辭，又託名禪師馬鳴之作，故斷其為偽書也。「起信」根據訛傳之說，於禪觀依據談本覺，又於次第究竟談一行三昧。本覺者，別立如來藏為清淨心性，謂為原來智慧光明。不覺心起而有妄念，妄現境界。禪觀方便即在漸次離念息妄，而復歸本性。其言一行三昧，則謂知法界一相法身與眾生等。此蓋以本覺楞伽之自覺智，以為本來自然之慧覺。又以一行三昧解楞伽之如來藏，以為證得法身。皆有異於宋譯之解，黃梅禪者道信、弘忍聞其風而悅之，遂立東山法門，以一行三昧為究竟。後世傳為道信所作入道安心要方便法門（《楞伽師資記》所引）舉學道門五種次第，先明心之體用，清淨恆寂；次言工夫，常覺無相，守一不移；與「起信論」一無異轍，再傳玄頤乃直據「起信論」明文以心真如為宗（見《楞伽師資記》殘卷）。稍後，託名神秀之五方便門更以「起信」本覺之義開宗明義。至智詵、老安二家，且竄易「起信」覺心初起及心不隨境之文，以為其漸修頓悟及無憶無念莫忘（或無妄）三句主張之依據，因有新譯「起信論」之偽作。可見此系禪法與「起信論」密切關係。今即謂之禪宗初期受流支瑜伽學說影響而成之第二系。續僧傳卷二十謂道信禪法得之皖公山二僧。二僧者，莫知所從來，本不詳其名字。晚出之《歷代法寶記》、「楞伽師資」等乃謂粲法師隱居皖公山十餘年，道信即從粲受學。似乎兩系同一傳承。同遵宋譯「楞伽」者，固未可盡信也。

迨至隋末，達磨笈多譯無著之《金剛般若經論》，又傳來「瑜伽」新說。「金剛經論」以「瑜伽」次第釋「般若」宗要，循十八住修行究竟；般若實行之簡要法門，無踰於此。故那爛陀寺盛時，般若學人盛弘斯著（據義淨說）。其影響所及，且開「現觀莊嚴」一派學說，傳布西藏，至今不替。論其禪法最特異之點，即在攝持散心，使順定境歷久湛然。此種工夫使瑜伽之談應用益廣。且愈切於實際。經云，云何降伏其心，即明是義。舉其大要，不外以無住為方便。及其至，遠離兩邊而安立第一義，則自相平等為之依據也。南方禪者慧能有契於此說，遂創頓悟法門。今觀其徒記錄「壇經」，雖屢經改竄，而其致意於無念無住無二，乃至自相本然之工夫，猶可見與論相合之處。（論解十八住，無一住不達第一義，則亦有頓悟之義。）至謂慧能聞《金剛經》應無所住而生其心一句而悟入，尤足明攝持散心為其學之肝髓，必有所本也。今即謂為禪學初期受笈多瑜伽學說影響而成之第三系。笈多與闍那崛多共參譯事，深義相諮，源淵相近。崛多因故流擯東越，或者笈多之學早藉以南傳。慧能雖嘗求法黃梅，而其禪學不必即自黃梅得之也。神會之徒攫奪法統，撰黃梅傳衣之說，且進而謂達磨以來世傳般若，直欲以《金剛經》篡「楞伽」之席，又安知般若禪出之達磨笈多而非菩提達磨耶？

禪宗三系皆本大乘瑜伽，而淵源各異，慧能以後混為一談。今闡明其來源，各還本位，其與印度學法出入之點亦隨而易見。菩提流支之學者多出訛傳，難以依信，禪學據之，無當於印度原來面目，不待言矣。即求那學應大小兼行，笈多學應定散相續，禪家習之，亦僅有其半珠。後世味此源流，與時俱變，其終安於中國禪風不可復返，固不足異已。

《中國文化研究集刊》一九四三年九月

雜阿含經刊定記

刊定經名

《雜阿含經》之名雜，或釋為雜碎難持，（《分別功德論》卷一）此屬「大眾部」之私言，無當經義或釋為雜說，即為比丘、比丘尼、優婆塞、優婆夷、天子、天女所說，今集為一部；（五分律三十又四分律五十四）或釋為文句雜、根雜、力雜、覺雜、道雜如是比，（摩訶僧祇律三十二）此皆就少分言，不能概括全經。義淨譯「毗奈耶雜事」別立經名為「相應阿含」（見同書卷三十九）頗能顯其意義，蓋經文以事義相應者集為品類得名相應也。然「大論」八十五仍譯為「雜阿笈摩」，且解義曰：「於是中，世尊觀待彼彼所化，宣說如來及諸弟子所說相應，蘊、界、處相應，緣起、食、諦相應，念住、正斷、神足、根、力、覺支、道支、入出息念、學、證淨等相應。又依八眾說眾相應，後結集者，為令聖教久住，結嗢拕南頌，隨其所應次第安布……即彼一切事相應教間廁鳩集，是故說名『雜阿笈摩』」。從此解釋，經之結集體裁雖得正名相應，而經文隨宜安布，次第不順，則有雜義。若如來、若如來弟子所說相，應從能說人言當置諸篇首，而經文以厠諸他種相應之間；界相應與蘊處相應當為一類，而經文以厠諸因緣諦食之間；即以此種間厠鳩集之故，宜以「雜阿笈摩」為名，而不宜云「相應阿含」也。

刊定品目

僧肇云「雜含」有四分十誦。（見長含序）但開元釋教錄第十三，據五分律云此部經說事既雜故無品次誦等差別。現存刊本於卷八題「誦六入品第二」，卷十二題「雜因誦第三品之四」，卷十六題「雜因誦第三品之五」，卷十八題「弟子所說誦第四品」，卷二十四題「誦道品第五」。（宋元明麗四本大同）此似判經為多誦，而文不備。更考之毗奈耶雜事三十九，列舉蘊品，處界品、緣起品、聲聞品、佛陀品、聖道品、伽他共七品。又「大論」八十五有弟子所說佛所說分，五取蘊六處因緣相應分、道品分、結集品，四分之名。此俱與刊本所題粗同而亦不順。以是，從來學者皆視「雜含」無次第之可言。十數載前，日人姉崎正治竭數年之力，對勘巴利文及漢文四阿含，著漢譯「〈四阿含〉（*The Four Buddhist Agamas in Chinese*）論文（一九〇八年載日本《亞細亞雜誌》三十五卷，又別有單行本）考校頗精。其意以為「雜含」當分八誦六十二部而後大備。（五蘊誦八部，六入誦一部，雜因誦四部，弟子所說誦六部道誦二十一部，八眾誦四部，頌偈誦十二部，如來誦七部；此較諸巴利文本五誦五十部更有增益。）然今詳勘大論之文，知其說猶出杜撰，不可從也。

「大論」（編按：《大智度論》簡稱）第三卷末云：「又復應知諸佛語言九事所攝。云何九事？一有情事，二受用事，三生起事，四安住事，五染淨事，六差別事，七說者事，八所說事，九眾會事。有情事者謂五取蘊，受用事者謂十二處，生起事者謂十二分緣起及緣生，安住事者謂四食，染淨事者謂四聖諦，差別事者謂無量界，說者事者謂佛及彼弟子，所說事者謂四念住等菩提分法，眾會事者所謂八眾，一剎帝利眾，二婆羅門眾，三長者眾，四沙門眾，五四大天王眾，六三十三天眾，七燄摩天眾，八梵天眾」是文所列九事或以義，或以人，頗不一律；又次界於四諦，次佛及弟子所說於界，似失次序。然嘗以對照譯本「雜含」，大體次第一一吻合；而後恍然「大論」之說九事者非他，乃宗「雜含」之品目而云爾；又恍然「雜含」並非文亂無次，其品目正依九事之次第耳。又「大論」二十五卷釋十二分教，「云何契經，謂薄伽梵於彼彼方所為彼彼所化有情依彼彼所化諸佛行差別宣說無量蘊相應語、處相應語、緣起相應語、食相應語、諦相應語、界相應語、聲聞乘相應語、獨覺乘相應語、如來乘相應語、念住正斷神足根力覺支道支等相應語，不淨息念諸學證淨相應語，結集如來正法藏者攝聚如是種種聖語為令聖教久住世故以諸美妙名句文身如其所應次第安布，……是名契經。」此中諸相應語次第亦同第三卷文，而特加詳。（末略八眾不言者，蓋八眾分有伽他，結為一品，乃入十二分教之應頌類也。）蓋亦宗「雜含」品目而說，即「雜含」品目應於此求之也。今即據此判

「雜含」為四十誦（此與僧肇所傳之說相同，四分依「大論」八十五，十誦則依九事也。）如次：

一、五取蘊六處因緣相應分

（一）五取蘊誦……經第一卷以下

（二）六處誦（舊題六入誦第二）……經第八卷以下

（三）緣起誦（舊題雜因誦第三）……經第十二卷以下

（四）食誦……經第十五卷

（五）諦誦……經第十五十六卷

（六）界誦……經第十六十七卷

二、佛弟子所說佛所說分

（七）佛弟子所說誦（舊題弟子所說誦第四）……經第十八卷以下

（八）佛所說誦……經第二十二卷以下

三、道品分

（九）念住等誦（舊題誦道品第五）……經第二十四卷以下

四、結集分（大論作品字）

（十）八眾誦……經第三十五卷以下

刊定文段次第

「雜含經」五十卷大體次序不紊，惟其間分卷有前後倒置者，又有他經濫入者，皆待刊定。「大論」自八十五卷以去釋契經事，略引雜含摩呾理迦之文，所依經文殆與舊譯同本，（見附說）故從論以釐定經文，前二分二十餘卷次第應如次列：

卷一　卷十　卷三　卷二　卷五　卷八　卷九　卷四十三　卷十一　卷十三　卷十二　卷十四　卷十五　卷十六　卷十七……（佛弟子所說誦佛所說誦卷數見後）……（缺卷）　卷二十四　（缺卷）　卷二十六　卷二十七　卷二十八　卷二十九　卷三十　卷四十一（一—五一此從姊崎刊定列入）

姊崎氏嘗對勘巴利文本雜含。今舊譯本卷數次第頗有訂正，謂二十三二十五卷是阿育王傳，應刪去不列，然亦不詳其所以。今尋出三藏記載求那跋陀羅譯無憂王（即阿育王）經一卷缺本。「法經」目錄第四，「雜含經」別生有阿育王經而不載是何卷。（「開元錄」始云是二十三五卷）今對勘大論，此經文二十四卷前後應有說念處與說四神足之文，而俱佚失。後來誤以同人譯本之無憂王經彌補其缺，於是「別生經」有「阿育王經」之名，而「無憂王經」反題缺本矣。又經文第四卷有僞，據守其《新雕麗藏校正別錄》第十五卷云，是宋藏將四十二卷誤刊於前。可知舊刊雜含自譯出後即未得完善整理，而後人更誤刊之，其至於顛倒錯失，皆傳者之過，於譯家固無與也。

其次佛弟子所說佛所說分，結集分，仍說諸蘊處因緣道品等事，但不拘一義，於前二分中難可歸納，故復別開。此弟子所說者屬諸弟子所說誦，佛說而非全以伽陀問答出之者屬諸佛所說誦，佛說為八眾而出以伽陀問答者屬諸八眾誦弟子所說誦自十八卷以下，舊有標題，文義顯明，今定為四卷六品。一舍利弗說品，（卷十八前五十一經）二目犍連品，（卷十八後三經又卷十九第一至四六經）三阿那律品，（卷十九末四七經又卷二十第一至九經）四大迦旃延品，（卷二十第十至十九經）五阿難陀品，（卷二十第二十至二十三經又卷二十一第一至七經）六質多羅品。（卷二十一第八至末經）自餘文卷錯亂，遽難判別，惟舊譯經文，除大本（指五十卷者言）外猶有別譯二十卷。（失譯附秦錄，麗藏改為十六卷，前後錯亂，最不可從。）多屬大本三十卷以下之文。每十經或十一經後，原有之經名結頌，什九皆存，故能次第經文有條不紊。今以對校大本，得八眾誦所屬各卷。所殘餘者自皆佛所說誦矣。（附見次表）

別譯雜含大本雜含對照表（別譯本下略稱別本）

八眾誦（別本舊題初頌）

一、沙門眾（別本大本皆無此題，下同。）

別本第一卷，二頌二十二經。＝大本三十八卷；又三十九卷．首三經。

二、魔天眾

別本第二卷，初頌十經。＝大本三十九卷．四至十三經。（後有十經，別本缺。）

三、三十三天眾

別本第二卷，次頌十經。＝大本四十卷．一至十經。

別本第三卷，初頌十一經。＝大本四十卷，十一至十六經；又四十六卷．首三經。

四、剎帝利眾

別本第三卷，次頌十經。＝大本四十六卷．四至十三經。

別本第四卷，初頌十一經。＝大本四十六卷．十四至十八經。又四十二卷．首六經。

五、婆羅門眾

別本第四卷，次頌十經。＝大本四十二卷，七至十六經。

別本第五卷，缺頌八經，二頌二十一經。（麗本誤，不可從。）＝大本四十二卷．十七至十九經。又第四卷，十五經。（內缺別本第八經）又四十四卷．首十經。

六、梵天眾

別本第六卷，缺頌十經。＝大本四十四卷．十一至二十經。

七、沙門眾之餘

別本第六卷，初頌十經。＝大本四十五卷．首十經。

八、長者眾

別本第七卷，二頌十五經。＝大本四十五卷．至末，又三十六卷．首二經。

九、三十三眾天之餘

別本第八卷，三頌三十一經。＝大本三十六卷・至末。（內缺別本第八經。）

別本第九卷，缺頌九經，二頌二十經。＝大本二十二經・一至十三經，又二十四至二十七經。又四十八卷・首三經。又二十二卷・二十一二經，又十四至二十經。

別本第十卷，缺頌九經，一頌十經。＝大本四十八卷，四至二十三經。

別本第十一卷，三頌三十經。（後三經原本誤刊十二卷末）＝大本四十八卷・至末又四十九卷・一至二十五經。（內缺別本第十二經。）

十、四王天眾

別本第十二卷，十二舊。＝大本四十九卷・至末。又五十卷・首六經。

佛所說頌（別本舊題二誦）

別本第十三卷，半頌七經。＝大本四十一卷・五十四至六十經。

別本第十四卷，半頌四經。＝大本四十一卷・至末。又三十二卷・首二經。

別本第十五卷，一頌十經。＝大本三十二卷・三至十二經。

別本第十六卷，二頌十八經。＝大本三十二卷・至末。又三十三卷，一至十八經。

別本第十七卷；二頌二十一經。＝大本三十三經・至末。又三十四卷・一至十八經。

別本第十八卷，一頌八經。＝大本三十四卷・十九至二十六經。

別本第十九卷，一頌十五經。＝大本三十四卷・至末。又三十五卷・首十經。

八眾誦中魔天眾之餘

別本第二十卷，一頌九經。缺頌五經。（上疑有缺文）＝大本五十卷．七至二十經。（此下有十八經，大本缺。）

別譯一卷至十二卷恰當八眾誦，十三卷以下〈佛說．無偈〉，應入佛所說誦。惟第二十卷亦屬鬼神等說而有伽陀，今與夜叉眾同屬魔天眾，而次諸夜叉之後。如是改定舊刊大本卷數先後如次：

佛所說誦

卷四十一（五四至六二經）　卷三十二　卷三十三　卷三十四　卷三十五　卷四十七　卷三十七　卷六　卷七　卷三十一

八眾誦

卷三十八　卷三十九　卷四十　卷四十六　卷四十二　卷四　卷四十四　卷四十五　卷三十六　卷二十二　卷四十八（首三經與卷二十二末九經倒置見前表）卷四十九　卷五十

佛所說誦自卷四十一至卷三十五前十經皆依別譯之次序釐定。卷三十五後半，卷四十七與三十七二卷餘文，姊崎別為四品，屬諸八眾誦；另以三十八卷下文為頌偈誦。然據「大論」，八眾即是頌偈，今依姊崎考定次第而別入諸佛說誦。第六卷前半，姊崎題羅陀品入五蘊誦，今考「大論」所引摩呾理迦五蘊誦中無此，故入諸佛所說誦。又卷六後半卷七及卷三十一，姊崎以為小品集成而無所屬，今詳其性質正同佛所說誦，故並以人之。由是佛所說誦文義極為繁雜。姊崎嘗刊為迦葉第三十一品，以其無所確據，不從。

依別譯「雜含」八眾誦列八眾次第，一沙門，（比丘）二魔，（波旬）三帝釋，四剎帝利，五婆羅門，六梵天，七沙門（比丘尼）八尊者眾（婆耆沙）九天女天子眾，十魔眾。（夜叉鬼神）此與「大論」卷三文不合。但「大論」三或從世俗義類，故首王眾，又略魔而云燄摩天，此不必即指經文次第也。又勘八十五云，若諸苾芻天魔等眾是所為如結集品。此敘八眾首舉苾芻，次及大魔，大同別譯。其後次第既不可詳，今即暫依別譯編次不改。（五分律五十四釋雜含以比丘，比丘尼，優婆塞；優婆夷，天帝釋，魔，梵天為次。現存巴利文雜含第一有頌品以天，天子，拘薩羅即王眾，魔，比丘，尼，梵天，婆羅門，婆耆沙即尊者眾，林即魔神眾，夜叉，帝釋為次。蓋小乘各部傳四阿含每每以編次異序為區別也。）

另考「大論」卷十六：「云何思擇諸法；此復二種應知，一思擇素呾纜義，二思擇伽他義。思擇素呾纜義如攝事分及菩薩藏教授中當廣說。思擇伽他義復有三種，一者建立勝義伽他，二者建立意趣伽他，三者建立體義伽他故。」雜含有伽他之八眾誦，其本母不詳於攝事分，然另有解詳於思所成地。自論十七卷以下舉體義伽他九十一頌，幾全為雜含之文，又盡攝雜含八眾誦一切伽他之義。自來解者不審所出，則但隨文散釋而止，乃至體義一名亦莫得的解。實則就伽他自體建立即為體義，此所謂體即義，正與上二類伽他以勝即義與意趣即義為名者大同也。論文自惡至得義凡十三類，直就經文引伽他為釋，十四論議則於雜藏之數種經論中依據標目標引一例以類其餘，故文似略而攝無不盡。

「大論」初直引經中伽他者，此似全引八眾天眾誦之文。論十九末後哩柁南所出名目既不可得其義理次第，且前後二貪二流重見，是必隨順經文乃然。即此對勘今經改正之次第猶有出入也。

總結前說，舊刊經卷應改順如次，而後其文便讀，其議可詳。

五取蘊誦第一（五卷）：卷一、卷十、卷三、卷二、卷五

六處誦第二（五卷）：卷八—卷九、卷四十三、卷十一、卷十三

緣起誦第三（二卷餘）：卷十二、卷十四—卷十五（一—一六）

食誦第四：卷十五（七—二四）

諦誦第五（一卷餘）：卷十五（二五—末）—卷十六（一—六二）

界誦第六（一卷餘）：卷十六（九一—末）—卷十七

佛弟子所說誦第七（四卷）：卷十八—卷十九—卷二十—卷二十一

佛所說誦第八（九卷半）：卷四十一（五四—末）、卷三十二—卷三十三—卷三十四—卷三十五、卷四十七、卷三十七、卷六—卷七、卷三十一

念住等誦第九（八卷半）：（缺卷）—卷二十四—（缺卷）—卷二十六—卷二十七—卷

八眾誦第十（十三卷）：卷三十八—卷三十九—卷四十、卷四十六、卷四十二、卷四、卷四十四—卷四十五、卷三十六、卷二十二、卷四十八—卷四十九—卷五十（此中卷數舊刊排列無誤者，全經五十卷中僅十二卷而已。）

二十八—卷二十九—卷三十　卷四十一（一—五三）

附論雜阿含經本母

佛說契經結集流布，莫先於阿含，亦莫信於「阿含」。佛滅未千年，（我國苻秦至劉宋時）四含全文相繼傳譯。譯者狃於所習，惟以備數三藏，而不能言其關涉大小宗義之要。由是學者判屬小經，鄙為始教，未嘗一有著述闡發幽微，遂於義學絕無影響。唐代新翻波沙俱舍，聲聞法相蔚為鉅觀，而當時譯侶博如光寶，於其典據漠置依然，故每註疏隔膜經文，支離其說。（此觀日僧法幢俱舍稽古所指斥者可知。）至若基測諸師專心方廣，益輕「阿含」而不習。以此因緣，即係奘師所翻，即在法相本典，煌然具載十餘卷《雜阿含經》本母之文，而譯者註者殆無一人能辨，以至要義幽沉亙千二百七十六年。（論文於貞觀二十二年譯訖）古學久荒，聖言轉晦，甚可傷也。

奘譯《雜阿含經》本母惟何，即《瑜伽師地論》「攝事分」之「大分」是（自八十三卷至九十八卷）。何以知之耶？曰，此十餘卷論文陳義繁廣，僅有攝頌刊其大段，而次第相承極難端緒。近年《瑜伽倫記》歸自東瀛，解後數十卷為舊疏中獨存之說，至可珍重，然其「總釋攝事分」云：

雖辨異門種種文義，未明文義所依本藏，故次第五明攝事分，謂於此分將三藏教攝所說行攝等事故云也。此分具辨三藏，先解契經云云。

此謂將教攝事，而不詳事所自出；又謂先解契經，而不詳經是何種以是遂文解義，類皆膚泛不得邊際，為益讀者甚微。今應求諸本論而得其意。

論八十五謂攝事即「攝素呾纜事」等。「素呾纜二十四契經」謂「別解脫經」（戒本），「四阿笈摩經」，「聲聞相應經」，「大乘相應經」（此二即十二分教雜藏）等，從此即依四種契經本母（摩呾理迦）決擇佛說云云論九十八末又謂如是略引隨順此論諸經宗要本母云云。

依此兩文釋義如次：

一、論八十五至九十八共十四卷，乃引本母之文。

二、「別解脫經」本母別見於後，故此十四卷應是引餘三類經本母。

三、論說諸經以「雜阿含」即相應教為主，餘經皆云「即彼相應教復以餘相說云云，」故引本母應先之以《雜阿含經》。

四、論說《雜阿含經》相應次第為九，所謂蘊界處等，與後文所引本母大段相同，兩者應尤有關合。

由此取舊翻《雜阿含經》與論文相較，以經錯簡過多，時阻困難，然前後推尋，論文畢十四卷，經文亦畢二十二卷，而後恍然瑜伽之文純引「雜含」本母無疑義也。「雜含」結集乃以義為部類；每一類中出經千百，亦但義類相同，諸經卻無次第。而於本母就義決擇，又不必盡，一門或釋一經，或釋多經，又或多門以釋一經，文段次第更為難見，然比觀經文固若網在綱有條不紊也。今為經論對勘表如次以證此說（「雜含」中異義之類名皆別釋於集異門分此分應亦有本母原文，當更端以論證之。）

大論攝事分	雜阿含經
⊙行擇攝第一（總頌十一聚）	⊙五取蘊誦第一

一、界等十一門……卷一．第一無常等經（經名依結頌．下同）。至二十一味經。惟論第一第四第八三門無經文，疑佚。

二、略教等十一門……卷一．二十二使經至三十六說法師經。惟論九十兩門無經。二十七，二十九兩經無論。

三、想行等十門……卷一．三十七八輸屢那經。

卷十・第一無明經至第七闡陀經。依論，第五六兩經顛倒，應改正。

四、速通等十門……………………………………卷十・第八應說經至十七責諸想經。

五、因等六門……………………………………卷三・第一生滅經至第六優陀那經。

六、斷支等七門……………………………………卷三・第七受經至七十羅漢經。惟第十八經無論。

七、二品等八門……………………………………卷三・七十一知法經至八十三富樓那經。

八、二智等四門……………………………………卷三・八十四至末竹園等經。

卷二・第一非我經至第四十六經。惟論第一門無經

九、諍等七門……………………………………卷二・第五我經至十四陰世食經。

十、無厭患等八門……………………………………卷二・第十五信經至二十四陰等經。惟十九二十兩經無論。

十一、少欲等十門……………………………………卷二・第二十五陰根經至三十一我慢經。惟二十七至三十經談論。

⊙六處誦第二

⊙處擇攝第二（總頌初後八聚）

一、安立等十門……卷八．第十無常等經（此下經名無頌可據，但依義舉。又多從姊崎正治所定。）至六十二比丘經。依論，經文次序有顛倒。四十五至六十經無論。論第八門，及以下廣業，未詳所釋經文。

二、無智等十門……卷八．六十二比丘經至八十七大海經。八十八至九十三經，無論。

三、道不同等八門……卷八．九十四道跡經。又九十七至百十一取等經。九十五六經無論。又卷九第一經至第九經乞食住經。

四、離欲等七門……卷九．第十毗舍離經至五十七摩鉤等。經十二經，又十七至四十經四十二至五十四經五十八至六十五經，皆無論，論第三門經未詳。

五、因同分等九門……卷九．六十六純陀經至七十四魯醯遮經。六十九經無論。論第七門經未詳。

六、唯緣等十二門……卷四十三．第一波羅延經第十四灰河經。第二經次序不順，第八經無論。

卷十一．第一手聲喻經。第二經無論。

七、上貪等十二門……卷十一．第三難陀經至第十諸根修經。

卷十三・第一六六法經至第五不樂著經。

八、一住等十三門……卷十三・第六鹿紐經至六十二六常行經。第七經，又十一等多經無論。論第十二三門經未詳。

⊙緣起食諦界擇攝第三（總頌前後九聚）

【緣起四聚】　⊙緣起誦第三

一、立等九門……卷十二・第一種樹經至十一甚深經。

二、異等七門……卷十二・第十二癡慧經至二十一玷牟留經。

三、觸緣等八門……卷十四・第一浮彌經至第九茂師羅經。

四、有滅等六門……卷十四・第十沙門婆羅門經至二十九思量經。十六經無論。卷十五首至十六經。

【食一聚】　⊙食誦第四

安立等六門……卷十五・十七食經至二十四苦聚經。

【諦一聚】　⊙諦誦第五

如理等十二門……卷十五・二十五轉法輪經至六十六盲龜經。內二十七至三十四經無論。卷十六・首至三十九經。又六十至六十二經。餘無論。

【界四聚】　⊙界誦第六

一、總義等四門……卷十六・九十一諸界經至七十九不信等經。

二、光等七門……卷十七・第五瞿師羅經。論第二門以下經文未詳。

三、受等自性等九門……卷十七・第十一三受經至二十六禪思經。二十七八經無論。

四、受等二生起等七門……卷十七・二十九受集等經至三十六見第一經。論五六七門無經。

⊙菩提分法擇攝第四（總頌十聚）　⊙念住等誦第九

【念住四聚】

一、沙門等八門……（此當經本卷二十三，舊佚）。

二、安立邊際等五門……卷二十四・首至第九射聚觀。論四五門經文未詳。

三、先根等六門……卷二十四・十一不善根經至十九四果經。

四、邪師等八門……卷二十四・二十緣幢師經至四十九波羅提木叉經。論七八門經文未詳，疑佚。

【正斷神足一聚】五門……（此當經本卷二十五，舊佚。）

【五根一聚】五門……初二門經文佚。
卷二十六・十三堂閣喻經至二十六五根利滿經。

【五力一聚】六門……卷二十六・二十八至三十九二力經。又四十六至五十一四力經。又七十八至八十一自在王力經。又七十三八力經。六十三十力經。八十二無畏智生經。

【覺支一聚】七門……卷二十六．八十三起退覺支經以下。

卷二十七．第二七覺經至十一輪王經。又三十至五十八不淨觀經。論第六門經文未詳。

【八聖道一聚】四門……卷二十八．二十三五蓋經。三十一至五十二一法經。二十二正見淨經。七十六二正見經。五十三至六十三非法是法等經。九十五至九十七沙門經。

卷二十九．首七經。

【息念一聚】八門……卷二十九．第八修安般念經。以下經序錯亂，為十五，九至十四，十七，二十四，十八，二十三經。論末門經文未詳。

【學一聚】五門……卷二十九．二十六經，三十二經，三十五經。論三五門經文未詳。

【證淨一聚】五門……卷三十．第五不壞淨經。第七經，十九至二十九四人命終經以下。

檢表應知瑜伽徵引本母文或不盡，然其舊構梗概已具。研尋獲此裨益綦多，舉要而談凡有四義：佛師弟語輾轉傳來為阿笈摩，實乃三乘共教，不同台賢臆斷畫限小宗，此於瑜伽見引本母，證成決定，是一義也；瑜伽事教乃在「雜含」，次第契經存有部說，亦從本母引文可見，是二義也；「雜含」舊譯部別未詳，今由本母釐正次第，勘為同本，研究堪資，是三義也；治

「瑜伽」學溯源「毗曇」，轍亂塗紛，未聞南指，今由本母證知「瑜伽」、「毗曇」同其宗據，則從「雜含」綸貫餘教，又依本母通餘「毗曇」，於是大小論議源其流具見，是四義也。有此四義，故以本母介紹諸瑜伽學者。

《內學》第一輯，一九二四年十二月

略述有部學

印度部派佛學裡「說一切有部」（略稱「有部」）思想的起源，是和佛滅度後一些論議師的提倡阿毗曇（對法）有著密切關係的。這一部後來信奉的古典毗曇凡有六種，通稱「六分毗曇」（見《大智度論》卷二），也稱為《六足論》（見普光《俱舍論記》卷一，依靖邁〈法蘊足論後序〉所說：「與對法為依故目之為足」）。其中可做建立有部學說典據的，要推《識身足論》。相傳此論是提婆設摩（天護）所造。關於《六足論》的作者，本有種種說法，只這一部論，漢譯和梵藏所傳資料卻無異辭（參照荻原雲來《和譯稱友俱舍論疏》卷一，二〇頁）。提婆設摩的生平無考。《西域記》卷五說他造論的地點在鞞索迦城南大寺，或者他就是中印度一帶的人。又從論文開始一部分駁斥沙門目連的「過去未來無，現在無為有」說法來看，它正對南傳目連子帝須所集《論事》一書的重要主張而發（參照《論事》大品第六章〈破一切有論〉、第七章〈破過去蘊論〉，佐藤密雄等日譯本一三〇頁以下）。《論事》到第三次結集以後才出現。那麼，發表駁論的提婆設摩至早也生存於佛滅後第四百年中了。就由這些材料見得有部的思想是在第三次結集前後逐漸成型，而它流傳到印度西北地方以至構成獨立的派別，大概即以結集終了遺散各家的一事做它的契機。到了佛滅後第五百年（西元第一世紀），迦旃延尼子在至那仆底著《發智論》（參照《婆藪槃豆傳》，又《西域記》卷四），將有部各種學說作了嚴密詳明的組織，一派的規模才算畢具。此後因流傳區域的擴大，更有了迦濕彌羅和各地方的小派別。在迦濕彌羅的論師稱迦濕彌羅師，餘地的稱外國師、犍陀羅師、西方師。這些論師除了《發智論》而外，還兼用其他論書，像法勝的《阿毗曇心論》、世文的《問論》、妙音的《甘露味論》等等，意見紛歧，莫衷一是。在學風上，外國師等也和迦濕彌羅師的一味保守的異趨，走上了自由批判以理為宗的途徑。及至迦膩色迦王以後（第二世紀末），迦濕彌羅師得著統治階級有力的支持，為了更好地排斥異己，便發起《大毗婆沙論》的結集，將解釋《發智論》不同的說法逐一刊定，歸於一尊，於是有了毗婆沙師的稱號。有部學說發展至此，可謂告一段落。跟著來的便是新興大乘學系龍樹、提婆諸大師和《成實論》作者訶梨跋摩等的反對，在他們的著作裡都對「毗婆沙論」所說徹底加以批判。這自然也影響到毗婆沙師，多少會使他們改變一些主張，不過現在除了我國梁唐兩代的譯本上發現少數異文而外，還沒有詳細資料可舉。再後到佛滅九百餘年（西元第五世紀），世親論師在阿踰陀學通了當地流傳的婆沙論義（見《婆藪槃豆傳》），受到自由學風的薰陶，終於寫成《俱舍論》，採用經部主張，糾正毗婆沙師種種偏頗見解。這激起了眾賢論師的憤慨，連續著作《順正理論》（原名《俱舍雹論》，意欲給「俱舍」以致命的打擊）、《顯宗論》，竭力為婆沙辯護，可是暗中也偷換了一部分說法，所以後來稱呼他的學徒為正理師或新有部。其說可以看成有部進一步的發展，卻也就算有部最後的一個段落，再沒有繼起的大家。就像悟人論師，所著《入阿毗達磨論》，也是上趨正理，別無新義的。

現在來談有部的重要學說，即以《大毗婆沙論》為中心，在它以前的稱舊說，以後的稱新說。至於婆沙本論雖然不能概括有部學說的全貌，可是當時有部中心在迦濕彌羅，大部分有部師也都以婆沙思想自限，因此不妨將婆沙說為有部本宗之說。我們從婆沙極其繁複的論題裡可以提出最基本的一個論點，即是「有因」。有部的主張一切法實有最後的根據在此，所以有部也稱做「說因部」（見《異部宗輪論》）。據清辯的解釋，說過現未所生的一切是有故名說一切有，即說此已生正在將生的一切莫不有因故名說因（見《中觀心論釋》第四品，基師《宗輪論述記》卷上用「所以」來解釋因字，未免空泛）。本來佛家學說和別宗最有區別之處為說因善巧，能離開無因論，不平等因論，而以獨到的「緣起說」為中心，有部對這一層特有發揮，所以偏得「說因」的稱號。另外，說一切有這一命題包含著一切法有和三世有兩個部分。對有部以外的各部說，三世中現在實有還沒有什麼問題，只是過去未來的有不能得到共許，因而這一部分的實際不外說過未二世實有。依著「世無別體，依法而立」的道理（見《大毗婆沙論》卷七十六），過未有的建立也必歸根到有因的上面，這更是有部獨得說因部名的一種緣由。

有部本宗怎樣解釋三世一切法的因呢？它周密地區分因為六種（詳見《大毗婆沙論》卷十六至二十一）。先從人們的認識方面說起，第一種是相應因。每一種認識都依賴心和心所的合作，它們是同時生起，同一所依（就根說），同一所緣（就境說），同一行相（就分別說），這樣更互相望，四事同等，便有相應而存在的意義。其次，推廣些說有第二種俱有因。凡是同時而起的種種法對於生果有著同一作用的，像心和心所，心和隨心而轉的身業、語業或不相應行，還有並起的四大種，彼此相望，都屬於這一類。第三種關涉異時因果，名同類因。此即過去的善性法對於未來或現在同一界系的善性法，現在善性法對於未來的善性法，同樣地三世不善法相對（這沒有界系的限制），無記性法相對，都是此因。這還可遠推到過去之望過去，未來之望未來，凡前生的善等法望後生的善等法也有同類因義。第四種遍行因，這從不善法的同類因中區別出來，所指的是一些煩惱法帶有普遍生起後來染法的因性的。第五種異熟因，這從得果的性質作區別，和以上兩種又都不同。所指的是善不善性有漏心心所法，並包括隨心轉的色和不相應行（這些實際即是和意業相關的一切），對於所感召後世無記性的色、心、不相應行（命根、眾同分等）種種果法說。另外，身語業法，無想定滅盡定等不相應行法能生異熟果的，也屬於此。以上五種概括了親能生果的一切因緣。最後第六種能作因，只有幫助的功能，或者消極的不相障礙而有利於果法的生起，所以是等無間、所緣、增上這三類疏緣。它的範圍最寬泛，除了法體的本身而外，所餘的都有成為此因的資格。有部這樣用六因的解釋將三世一切法存在於各種因果關係中的意義徹底顯示出來；只要因果不虛，三世一個法自必實在。有部的說一切有，實際如是。

其次，有部解釋諸法的因果關係，還和刹那生滅的理論相聯繫（有部被稱為刹那論者，見於基師《唯識二十論述記》卷三），所以其說不同於常見或斷見。並且有部學說具備著很濃厚的實踐意味，它建立一切法的實有同時即為了否定「人我」。所謂人空而法有，正是有部實踐觀法的具體內容，以上已說了有部本宗學說的要點

現在再說明一下有部新說的要點所在。這可用眾賢的《順正理論》和《顯宋論》為依據，二論原是寫來發明有部正義的（見《婆藪槃豆傳》）。在《顯宗論》的序品裡，列舉了佛於《集法經》中懸記的重要異執四十四條，和這些相反的才是佛家正宗，也就是有部自許的宗義。那裡面最後一條異執是「或說心心所法亦緣無境」，相反說法自然是「識境實有」了。此義在這裡可說是一切異執歸宿的論點。同時也可說是有部新說的基本論點。我們以為，正理師的重要理論都是環繞著它而展開的。揀些例子來說吧，像辯論過去未來法是有的一論題，《俱舍論》卷二十在「婆沙」卷七十六原的異熟果不虛的一種理由而外，更舉了緣過未心必有實境的理由，《順正理論》卷五十一、《顯宗論》卷二十六都很重視它，特別引來教證說，如世尊言各各了別彼彼境相名識取蘊，所了謂色至法，非彼經說有識無境；這樣來加強理由的說服力。又如《俱舍論》卷六，辯無為法是實，以為滅若非有，不能成為第三聖諦（滅諦），論文沒有詳解，《順正理論》卷十七便加以有力的補充說：「以若無境，慧必不生，如何見無為第三諦？」這也是從心必有境的論點出發。由此推論建立一切法有的依據，便集中在法為識境的一義。因為一切法，特別指的實法（假依實立，應歸結到實法），都是所緣緣，很合理的一切實法就應有它的自性，而成立一切有宗。

有部新說在色法方面還發展了極微的理論。這也從構成所緣的條件來立說。人們感覺雖不

能直接緣到個別的極微，但按實境界的當體並非極微和合的假相，而是和集了的極微。和合與和集的意義不同，清辯解釋的最清楚。他以和合為異類法的成聚，和集則是同類法的（見《中觀心論釋》第五品），依著《順正理論》卷四的說意，沒有極微不在和集狀態中存在著的，所以感覺所得常為和集安排好了的極微。唐人本著此意，便說極微相資各有一種和集相，其相實有，可作所緣（見《唯識二十論述記》卷三）。這著重在相上說，就和正理師的原意不盡相符了。

有部新說從所緣實有一義開展，有幾點理論很見得突出，而與舊說不同。第一點是關於二諦的解釋，依《順正理論》卷五十、五十八，《顯宗論》卷二十六、二十八的說法，無所待也就是當體直接能生起心法分別的都是實有，實有法即勝義諦。另外，能夠顯示實義的「名」（不相應行法），它的法體也是實有，所以得成世俗諦。以名義區分真俗原來為世友的主張，但正理從名為實法的一點去推闡，歸結到世俗諦只是勝義的另一方面（隨概念所得理解的一面），它由法體的實在而成其為諦，和勝義理無別致，如此也不妨說二諦為一。另一點是所緣緣性安立不變。《順正理論》卷十九說，假使此法為彼法的所緣，那麼，即在未被緣時也成功所緣性，這就通到一切法以為所緣而實有的論斷上去了。最後一點，因為強調了所緣的實有，在和它相應的實踐方面，正理師便很自然地偏重知解，理境也趨向概念化，以至勝義諦裡也包括了所謂別相的「類」（見《順正理論》卷五十八），而一切法又歸納為「句義」的形式（如《入阿毗達磨論》說善逝宗有八句義）。這使有部原以極微說多少接近勝論宗的，到這裡在理論上更加靠攏了勝論。

我們已依著佛家學說一般區分境行果的方式，從境的方面解說了有部學說的要點，行果之說，姑且從略。

一九五六年五月七日初稿

《現代佛學》一九五六年六月

阿毗達磨汎論

阿毗達磨與小乘派別之關係

佛典三藏，阿毗達磨居其一。究其製作淵源，頗有異論。或謂出於佛說，與經律同，如舊時「上座部」、「一切有部」等小乘，以及與「有部」相關之大乘，皆主此說。或謂非是佛說，但後人造，如小乘中後起之「經量部」，以及今人考證[1]皆主此說。二者異諍，平心論之，各有未當。蓋云阿毗達磨藏，內容至為繁複，有以標釋研尋詳解法義為阿毗達磨者，此實應名「鄔波第鑠」（後亦謂為「摩呾理迦」[2]），即有佛說者在；又有以研究經文宣揚宗要為阿毗達磨者，此實應名摩呾理迦，多是佛弟子說；又有以抉擇法門分別法相為阿毗達磨者，此乃純粹阿毗達磨，唯是弟子所出，後人等視三者為一類，而概稱之曰阿毗達磨，如說盡出佛說，或說盡非佛說，皆無當矣。

以「阿毗達磨」為類名與經律二藏對稱，事實晚出。「阿毗達磨」本意云對法，乃對教說解釋之一種法門，佛在世時，弟子間盛為應用，佛亦從而獎勵之。其形式則或法數分類，或諸門解析，漸成定式，但未有一類論書統名「阿毗達磨」也。後來小乘分派，解經各別，或重視論書為教證，勢陵經律，於是論書地位特殊，有合佛說佛弟子說統為一藏者，即謂之「阿毗達磨」。其事殆在阿育王時代與那先比丘時代之間，當佛滅後一百餘年至五百年也[3]。「阿毗達磨」之獨立既本於小乘之分派，故其製作種類與派別極有關係，今言大略，凡有二端可見焉：

其一、小乘各派非即各有「阿毗達磨」也。舊傳小乘分裂為十八部[4]，其後屢有分合。如北方「大眾部」末派與餘部合為分別論者[5]，南方「大眾部」末派又裂為「案達羅」各派[6]，至於後來更成四大宗之對峙[7]。如謂每派各有「阿毗達磨」，就現存典籍觀之，太形不足，反勘事理，則各派間如「大乘部」等，本不認佛說有不了義經，經說既詳，解經之「阿毗達磨」無關輕重，其籍自鮮[8]，又「正量」等部晚出，即共有一種「阿毗達磨」，少分異解而大體無所改作[9]，以是小乘派別雖繁，而「阿毗達磨」種類當寥寥可數。

其二、小乘「阿毗達磨」即只有數大類也。此其實際，可由《大智度論》得之。「智論」詮理繁廣，大小乘最初之交涉歷歷皆見。論第二卷，謂解佛語之籍著四：一為「身義毗曇」。「身」謂發智論，「義」謂「大毗婆沙」。二為「六分毗曇」，即六足，謂品類等六論。三為「舍利弗毗曇」，傳是佛時舍利弗所作。四為「蜫勒」（原作昆勒誤），傳是佛時大迦旃延所作。此文末又云有三類「毗曇」。勘宋元明三藏，皆以「身義」及「六分」為第一類，「舍利弗」為第二類，「蜫勒」為第三類。但麗藏本，意云：前三種為三類，第四「蜫勒」廣比諸事以類相從「非阿毗曇」[10]。今考「智論」第十八卷云：入三種法門觀察佛語，一「蜫勒」門；二「毗曇」門；三空門。此以「蜫勒」與「毗曇」並舉，又說隨相等門為「蜫勒」，解諸法義為「毗曇」，兩者差別顯然，則麗藏本之說當也[11]。

由是龍樹時代流行之小乘「阿毗達磨」只此三類。「身義」、「毗曇」與「六分」，同是「一切有部」所宗，可無待論。此外以「舍利弗」、「毗曇」並舉為言，極可注意。其本初傳我國，譯者道標序之云：此論於我先出阿毗曇，雖文言融通，而旨格各異。又道安〈序八犍度論〉亦云：佛以身子五法[12]為大阿毗曇也，佛涅槃後迦旃延以十二部經浩博難究，撰其大法為一部八犍度云。乃至吉藏《三論玄義》亦說「毗曇」六類：一、佛說，二、舍利弗論，三、迦旃延論。皆視「舍利弗毗曇」與「有部」本論地位相當者。此究為小乘何部所宗耶？「智論」卷二謂「犢子道人等誦之」，則宗此論者有「犢子部」可知。但著「等」字，即不止此一部。宗輪論述記中卷，舊解云正量等四部釋「舍利弗阿毗達磨」，可知四部亦宗此論也。又《四分律》五十四卷云；第一次結集毗曇為有難無難繫相應作處五分。釋律之《毗尼母經》亦云：毗曇為有問無問攝相應處所五類，此均與「舍利弗毗曇」之品目（問非問攝相應緒分）大同。《四分律》是「法藏部」（一說「法上部」）所傳，則知「法藏部」亦宗此論也。又現存譯本舍利弗曇之義，如無中有（論卷八）、心性本淨（論卷二十七）、九無為（論同上）等，皆與婆沙時代分別論者之說相近。而多處說無我五道等，皆與犢子宗義相違。故此譯本非犢子所傳，或即出於分別論者也。分別論者為大眾等部末流合成，則此數部亦宗此論也[13]。由此言之，除有部另有一類毗曇而外，所餘各部殆皆用「舍利弗毗曇」。龍樹以二類並舉，豈無故歟？

　　但在其時，南方錫蘭上座「分別說部」實另有一類「毗曇」，即法聚、分別、界說、雙對、發趣、人施設、論事之「七論」。此與印度本土學說關係較疏，故龍樹未言及。至與印度本土各類「毗曇」相較，在昔以為僅有名目相似而內容無涉，近來屢經學者考證，知其間脈絡仍相貫通。舉要言之，則南方七論中較古之分別論等，組織形式即與「舍利弗毗曇」大同，解釋法相章門亦合[14]。更以「舍利弗毗曇」與「六分毗曇」相較，又有一分相似，因知「舍利弗毗曇」實為南北阿毗達磨關合之樞機。必其結構最古，而後兩方阿毗達磨因以改造，乃各呈異觀。今細勘之，其間固有相貫者矣[15]！

　　如上所說，小乘「阿毗達磨」至少有三大類可以斷定，「有部毗曇」為一類，「舍利弗毗曇」為一類，「南方七論」又為一類也。所屬派別源流，今以一表明之[16]：

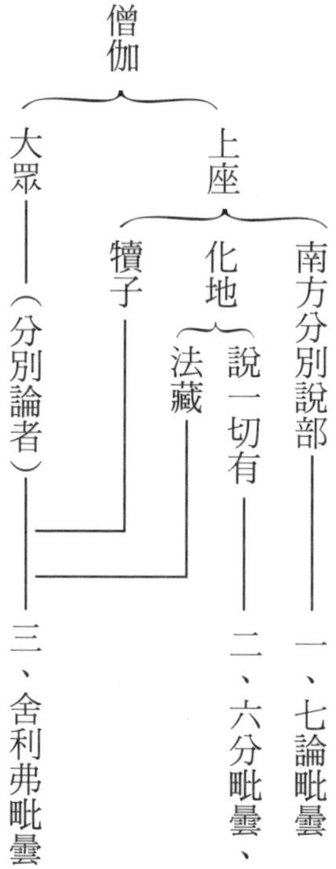

初期有部阿毗達磨

上述三類阿毗達磨中，「有部」一類種別最繁，傳譯最備，而與大乘論書亦最相關。考「有部」學說自阿育王時代以後，千餘年間發達不絕，凡可分三時期：第一舊傳佛滅後二百餘年阿育王在華氏城舉行結集，上座帝須自撰《論事》遍斥異宗。其書首章即破一切有義，可見「有部」思想當時已經萌芽[17]。繼而阿育王派遣長老末闡地等佈教迦濕彌羅健馱羅各處，後均為「有部」之根據地。而宗師輩出，造論釋經，一變風尚，是為學說建立時期。第二約在佛滅後四百年至六百年間，迦旃尼子法勝等相繼著作，組織舊言，有部義宗漸以大備是為學說組織時期。第三約在佛滅後六百年至千年間，迦濕彌羅與國外有部各稟師承，立說競異，頗相水火。繼以餘宗說盛，大乘教興，論師撰述溝通，歷有遷變，是為學說派別變化時期。有部一切論書，即可依此三期分別觀之。

初期「有部」論書莫要於「六論」，後來婆沙師尊為「六足論」者是也。「六論」次第與其作家，奘師舊傳一說，梵土稱友釋《俱舍論》又傳一說，西藏他拉那他及布通等又傳一說，互有異同[18]，而均不可見諸論原來著作之先後次第。今加考證，最初出者當為法蘊論。此有數證：一、靖邁後序謂此論為「阿毗達磨」之權輿，一切「有部」之宏源，乃至發智婆沙皆挹此清波，分斯片玉云云。此說論文最古，當有所據。二、「有部」舊律十誦，說第一次結集「阿毗達磨」為近事五戒（卷六十），即同於法蘊論之本經。結集傳說雖不可信，然可知有部推尊此論為最古也。三、西土傳說論是舍利弗作。有部本信佛時舍利弗與佛後迦旃延尼子為法爾二大師論師（婆沙卷一），此論稱舍利弗作，當然甚古。至於論文體裁全是摩呾理迦，二十一品，每品皆解一經也。大小乘共信之，佛說阿毗達磨，殆即指此論本經而言。

其次出者為「施設論」。舊有譯文七卷，因至宋代方譯，失造論人名，文又不全，故俱舍學者不視為六論之列。但今天依西藏譯本對勘，乃知譯本即六論中施設原文略出。蓋西藏譯文三品，已不完全，舊譯又只有一品也[19]。「智論」卷二說此論從樓炭經出，是目犍連作，即指今論第一品世間施設而言，其餘品或又為後人所續矣！論文亦非「阿毗達磨」體裁，但包羅極富，「阿毗達磨」所難攝者皆有論列，故「有部」極重視之[20]。

又次出者為「集異門論」。此乃解集「異門經」之作[21]，「舊因經」是舍利弗出，「說論」亦是舍利弗出，但西土傳為拘絺羅釋，明與出經者為異人也。經文緣起謂當時離繫親子（即尼乾子）徒眾分裂，舍利弗引為佛徒之戒，及佛在世結集法數以為預防云。勘巴利文此經緣起，離繫親子作跋闍比丘[22]，似此論即以佛滅第二次結集跋闍子（北傳為犢子）分派之事實為背景。且「跋闍子部」奉舍利弗毗曇，此亦以舍利弗說為宗，又見其針鋒相對，故此論當為「有部」已經確立後之作。

又次出者為「品類論」，舊稱「分別論」[23]。此論極為重要。「智論」言「六分毗曇」數此第一，下逮婆沙亦視為製作規矩[24]。全論八品，其中千問一品即補法蘊而作。蓋法蘊解佛說「阿毗達磨」，但有經文分別，千問舉總別二十經各歷五十門以成千問，則論門分別也。有經論二分別而後「阿毗達磨」之形式備，宜「有部」重視之也。

又次出者為「識身論」。此因破我執而歸諸六識身種種分別而成，較前各論範圍更狹，宜在後出。《西域記》卷五謂作者提婆設摩是佛滅後一百年人，今詳論文第一品目乾連蘊，破過去未來無現在無為有之說，似對目乾連子帝須而發[25]。第二品補特伽羅蘊破有我之說，又係對犢子宗而發，可知此論作者必在「犢子分部」乃至帝須立說以後。且此論補特伽羅蘊先舉他宗勝義諦補特伽羅是有之言，而後反覆徵破，至於八章，此種體裁全與帝須《論事》破我章門相似[26]。但《論事》以此為首章，本論即於其先更加破帝須之說，是在《論事》以後製作，可無疑議。故作者年代當為佛滅三百年內也。

最後出者為「界身論」。此論從「品類論」七事品節出大地等以為本事，再加各門分別，故在後出。其師序云：原有大本六千頌，今譯中本九百頌。所謂大本，殆即指「品類論」[27]。西土傳作論者為圓滿，與品類異其作家，其說可信。「婆沙論」中有望滿大德，亦有部師，或即其人也。

以上六論時代不一，性質亦殊。後世婆沙師推尊發智，以六書為輔翼，概稱為「阿毗達磨」，並云「足論」。今細按之，純粹為「阿毗達磨」者，惟一「品類論」而已。此論流行極廣，各地有部師皆有誦本，大略別之，迦濕彌羅西方及餘外國師誦本即三類也。其傳譯於我國亦較餘論為早，劉宋求那跋陀羅即已譯之，名「眾事分阿毗曇」，此為西方誦本。後奘師重譯，亦西方本，但又經改訂，非其舊矣[28]！論文八品：辨五事、諸智、諸處、七事、隨眠、攝等、千問、決擇。「智論」卷二言：四品是世友作，四品是迦濕彌羅羅漢作，但不明指何品，今以舍利弗毗曇之形式勘之，諸處品與舍利弗毗曇問品相同。二者敘述三科均以處為第一尤可注意，又七事隨眠品與彼非問品中標釋相當，又攝等品與彼非問品中攝法及攝品相應品相當。此可證諸處等四品實為一類。又「阿毗達磨」有分別、決擇二法門，決擇又分識所識、智所知、使所使三科所攝四門。言其依據，則識門觀入（即處）立，智門觀諦立，使門觀種立，攝等門觀界立[29]。以此勘品類論，諸處品言入，七事品言諦界，隨眠品言種，攝等品則衣以決擇。此又可證四品之為一類。世友舊作，或即此四，而言純粹「阿毗達磨」者，亦應取則於是矣！

第二三期有部阿毗達磨

「有部」學說組織時期，造論者數家，尤要者為迦旃延尼子與法勝。迦旃延尼子著《發智論》，對於有部舊師（所謂阿毗達磨師）之說頗多裁正。如舊說信等五根無間入正性離生，類似「犢子部」唯以五根為世第一，今即改云：根非根相應心心所為世第一法[30]。如是之例，不一而足，蓋「有部」之說至此而另成一系統也。又三世有之義，亦至迦旃延而大詳。故分別門定以三世，遂極繁衍之能事[31]。其他解釋經文，溝通舊論，遍破他宗，皆使有部立說益以彰著。論有八蘊，以類相從，細分為四十四納息[32]，次第頗復凌亂，或論以性相求不以次第求故爾。至於作者時代，迄無定說。但婆沙之製作在迦膩色迦王以後，此論之先婆沙又應有相當時日[33]，則或前於迦王，亦未可定也。我國陳唐兩譯即為先後兩種誦本，對勘可知[34]。

吐火羅國法勝繼起，依據「阿毗曇經」，組織西方諸師之言，造《阿毗曇心論》，恰與迦旃延東方之說相對待。論文十品：界、行、業、使、聖賢、智、定、經、雜及論，焦鏡舊序謂此品目擬佛說之四諦，亦不盡然。蓋作者以「阿毗曇經」源流廣大卒難尋究，是以探其幽致別撰斯部，號之曰心[35]。所謂「阿毗曇經」，即論中契經品所釋。其經目大同「法蘊論本經」，「有部」稱為「佛說毗曇」者也。論品目次第即依經序抽釋其有關毗曇決擇之各類，編列為界品至定品。故其結構淵源頗存家法，此既大異於發智矣！況所立義以頌文括舉[36]，多啟西方師外國師異說之端。如論四云色界十七天，即為西方師說別開大梵天所本。又論二云十六淨心見法，即啟外國師說十六心見道所本。是又發智以外別樹一幟者矣！

「有部」第三時期學說，即因「發智心論」之傳承分合，極其變化之觀。關於「發智」，先有各地誦本，又有各家著書，如世友之「集論」[37]、妙音之「生智論」、法救之論等，皆引伸「發智」之說，時有異同。關於「心論」，則有各種廣略釋論，如四卷極略本、優婆扇多八千頌本、一師萬二千頌本，又古世親六千頌本，皆不主一家之說，但以理長為宗。而其末流外國諸師，遂大反於「發智」[38]。由是儒墨競構，是非紛然，迦旃延之徒在迦濕彌羅勢力既盛，爰集大眾造毗婆沙，抑正眾說。則尊一家之言，自小乘異宗，「有部」異派（西方師等），乃至同系諸師（如世友等），悉致破斥。態度專橫，極端主張一切法皆是實有，不容稍事分別。但其對於「發智」，尋繹文意，頗善引伸。或會通舊師異說，或抉擇有餘之辭，至於推演法相，尤極賺廣[39]。蓋「發智」未備之義，皆為補苴。而引舊論六種以為補助，遂有一身（發智）、六足（六論）之刊定，自成其一派學宗，後來稱為毗婆沙師，或迦濕彌羅婆沙師也。

玄奘法師傳譯此論，謂為迦膩色迦王時五百羅漢舉行結集，銅牒雕鏤，石室深藏，國外鮮得觀覽云云。今考之情理，當時帝都為健馱羅而嚴禁流傳，世友為上首而備遭破斥，種種乖違，難為置信。更勘論文，已有昔迦膩色迦王時之言（卷一百一十四），其在王後成書可無疑[40]。況以我國涼唐二譯對勘，其文曾經增訂，形跡顯然，則並鏤牒珍藏之說亦未止信矣[41]！要之，此論乃迦旃延之徒多人所作，則無疑耳！

婆沙既出，「有部」不純之說皆遭排棄，而與「譬喻」等部漸有同化之勢。於是法救溝通西方與迦濕彌羅兩地異宗，重申正義，著「雜心論」。此釋心論本頌，而增補甚多，故號為雜。論首頌云：「我今處中說，廣說義莊嚴」。謂以婆沙之說相雜，實為溝通兩地學說之意。今考論文，依婆沙製作新頌固多，而存西方異說亦不一而足。如無作假色（論一）、共有因互為果（論二）、悔通無記（論二）等，皆是其例，若說色界或十六（論八），存十七天與十六天兩說，尤可見作者調和之苦心。至於新增擇品，於「有部」舊宗三世有、中陰有、四諦漸現觀、阿羅漢退等，一一重為申明，作者當時必有所感而發，蓋可知也。

此後「經部」勢力大盛，有宗舊說受破之弱點益復顯然，加以大乘潮流激盪，西方世親尊者諳其短長，又於雜心事事增訂，概括一切對法藏義，成《俱舍論》[42]。其立說之態度，仍依婆沙為宗，而少有貶量自暴其短，欲待智者評較是非[43]。故多引他部，設為論難，至不可決時，輒結云婆沙是我所宗如是，其意固隱明他部矣！跡其用心不必即全從外說，但欲顯示「有部」立義所窮，以見非有改易不可存也。而外國說與婆沙說之短長，亦藉以表見。遂謂世親紹西方論宗以理為斷之系統，亦無不可。惟然，婆沙師中頗有不能滿意者。則如眾賢論師，竭十二年之心思，批解俱舍，破其所明上座之義，正其頌釋猶豫之辭，作《順正理論》，又約要義為《顯宗論》。其意固欲為婆沙解難，自示無瑕。然而立義強通，仍失其本，如以和集解五識所緣（論四），有法能礙解非擇不生（論十七），皆出婆沙正義以外，此不啻依世親之意而改易有部舊說矣！後人即謂之「新有部」宗。蓋有部立說變化至此而勢竭，以後論書鮮出，無可言者。

大小乘論書之交涉

大乘教由龍樹而復興，自始即有與小乘「阿毗達磨」相涉之處。考龍樹之時代約在毗婆沙成書百年以後。舊說佛滅後四百年迦濕彌羅結集婆沙，而五百年龍樹應佛懸記以出，其相去約百年。今說婆沙成於佛滅後六百年頃，而龍樹於七百年出，其相去亦百年也[44]。因知大乘之驟興，實乘婆沙學說之既敝。蓋其時義學受婆沙影響，一切有宗遍行各地[45]，而形式流於繁瑣，主張偏趨極端，未免潛蘊反動之機。故龍樹一倡大乘，勢遂大暢。唐代諸賢說教興緣起，每謂佛後小乘執有，龍樹因而說空[46]，其言應可信也。

龍樹立說與阿毗達磨相涉如何，可觀其根本著書《大智度論》。此論解大品經文，前三十四卷完譯，後則略出。其性質本非毗曇，但引文不下三十餘處。彙而觀之，乃於各類毗曇持分別去取之態度，蓋龍樹以為佛說諸法皆先分別，後出實相（論卷二十六）。論文奉為圭臬，每釋法義，先以分疏。如言一切空，必解一切法為一法二法等，楷定其體，再說皆空（論卷三十一）。當時大乘猶無獨立毗曇[47]，其分別法相所資，自必取諸小乘之籍矣！

但龍樹區別小乘毗曇有三大類：六分、身義與舍利弗。其間取捨復精嚴，若六分中品類一論，殆最重用。如言一切法攝入二法中，名色色無色等凡二百二法，論釋不詳，即指如千難品說（論十八）。又四念處種種分別，亦指如千難品（論十九）。又四聖種幾界繫等，亦指如千問品（論二十八）。所云千難、千問，即大同現存品類中辨千問品[48]。又辨一切法云如「阿毗曇攝法品」中說（論二十七），按此即「品類論」中一品，而逕稱為「阿毗曇」。殆以品類即同於「毗曇」矣！又辨十智種種分別云是阿毗曇門而仍同於品類論智品。又有上、無上法分別云如阿毗曇說，而仍同於品類論攝等品。此則但稱為毗曇而不分品目矣！其他如此之例，不一而足，可知龍樹品類論之信用也。

然一言及「發智」，則態度大異。論卷二謂佛滅後百年阿輸迦王作無遮大會，諸大法師論議異故，有別部名字，以後展轉至姓迦旃延婆羅門道人，欲解佛法作發智經八乾度云云。此稱迦旃延為婆羅門，外之也，其人外，其說自外矣！更勘論二十六，解十力四無畏等非十八不共法，或難何以迦旃延尼子如彼說，答謂此所以名迦旃延子，若釋子則不如是說云。按釋子是佛徒通稱，此不目為釋子，意又可知也。又如論十三說不殺戒諸分別，迦旃延毗曇說皆不備。又論十說修羅入鬼趣，評云：佛無此說，但迦旃延子說。由此可知發智之說乃在龍樹所排斥之列也。

至對於婆沙所謂迦旃延子弟子輩言，則更深惡痛絕。如婆沙師說菩薩相必三大劫後種三十二相業方稱「菩薩」[49]。龍樹評云：是輩生死人不讀大經，不知諸法實相，自以利根智慧於佛法中作諸論議，諸使智定等義尚處處有失，何況欲作菩薩論議（論卷四）？又婆沙師說影是實，龍樹評曰：「此非毗曇說，但釋毗曇義人所說（論卷六）」，皆見其說之不足據也。至於再辨菩薩三劫後修相義，直云婆沙中說，非三藏說（論二十九）。此則絕之甚矣！

其餘毗曇明文較少，但如犢子說九十八隨眠，同於迦旃延，則不採用（論卷七）。說有六道，不同婆沙，則全取裁（論卷十）。是於中有簡擇取捨，而其標準亦約略可知也。此種反對發智婆沙而以理長為宗之態度[50]，後來大遂永以為典則而不改。

自龍樹唱導空義以還，有部以外之小乘受其影響頗深，論書製作亦多改觀。其最可注意者為訶梨跋摩之《成實論》。論即依據小乘宗義以明空[51]，而以滅空心為究竟，則空空解脫門之意也。其解法相亦不主一家，惟於有部多致破斥。如諍四大實有、心所實有、不相應行實有等，皆反對「毗曇」。至謂諸論師習外典故造阿毗曇說別有凡夫法等（論卷七），其不滿意之情可想。但本論體裁仍解佛語（論初頌文），解佛語者不為毗曇必為「蜫勒」（智論卷二），今論其蜫勒一類歟！蓋嘗證之，蜫勒謂是大迦旃延造（「智論」二），今論解十二分教中論議亦云是大迦旃延等廣解佛語（論卷一），意即推尊蜫勒，若在有部固應尊舍利弗矣，此一證也。蜫勒解佛語不用有色無色等分別，但依隨相等門而為論議（「智論」十八），今論亦有論門一品說同相等門，而無毗曇分別（論卷二），此二證也。蜫勒行於南印，又經諸得道人重為刪略（「智論」卷二又卷十八），考小乘中惟大眾等部南行，其末派多聞部真諦即傳為得多聞，又即遠溯以迦旃延為宗，諸得道人當即指此。今論主學從大眾，系出多聞，舊有其說[52]，考其宗義，如心所無別體，不說相應等，亦均與大眾末派相近，此三證也。「蜫勒論」者失傳難考[53]，得《成實論》見其雛型，流傳而北，於後來論書製作自應多有關係矣！

大乘阿毗達磨

「智論」以後，至於大乘阿毗達磨之成，歷時甚久。其間具備過渡之形式者，則《瑜伽師地論》也。本論去「智論」又百餘年，乃依瑜伽師一派學說而為組織。此派源流經過，今已難詳。惟瑜伽師是修行者通稱，似在佛時即有。如婆沙一百零一卷引經云：須達問佛，瑜伽師見諦為漸為頓，可為一證。又佛滅後弟子中有專事修瑜伽者，漸成一派。如毗尼毗婆沙說坐禪人誦雜阿含，又分別功德論卷一說阿難滅後弟子專習禪定，均指此事。後其勢適盛，遍行各地。東傳我國則為禪教之學，末流遂有禪宗。西土亦逐地立說，有北方瑜伽師、南方瑜伽師等稱[54]。其先此派本致力止觀，所為學說但以定境為主。入後亦談法相，與小乘舊毗曇師時有出入。如舊毗曇師說五識能互為等無間起，瑜伽師說不然，五識皆從意識無間而生。此種異諍先見於婆沙[55]，後來立說更有開展。如北方師與譬喻者立義相通，譬喻者說止觀是道諦，而北方瑜伽師亦以止觀貫徹修行各位，有五瑜伽地之說[56]。漸至有以大乘宗義為之組織大成者，其人則彌勒也[57]。

彌勒著論即《瑜伽師地論》，立說仍依觀境[58]，故別為十七地，見其界域。現存論文五分，惟第一本地分說地，次第井然，或瑜伽師根本之學在是。至第二決擇分亦傳為彌勒說，而與本地立義頗有差違。真諦《世親傳》云：無著請彌勒講十七地經，且傳且釋，此分或無著之釋也。至第三分攝擇，說摩呾理迦作法，第四五分攝異門，攝事，引用古摩呾理迦，皆見本論之依據。蓋論文體裁又意在摩呾理迦也。

論卷六十四解摩呾理迦云，是十七地四攝。此明指本論而言。又論卷二十五解十二分教之論議，謂為一切摩呾理迦阿毗達磨，研究甚深素呾纜義，宣暢一切契經宗要。此則以摩呾理迦為解經要之作，與拘拘法門分別者有異[59]。是故攝事分廣引經律摩呾理迦本文，累十餘卷。皆見作論之正宗所在，無取乎小乘毗曇矣！然本論非絕對排斥毗曇，特欲因而廣之，故又說經律摩呾理迦以外可有分別法相摩呾理迦。此先序事即立章，後廣辨即論門（論卷一百）。序事以染淨細分，其目與心論契經品所敘大同。色界分別謂十七地，尤與四方師說相合。至於廣辨、品類、決擇以外，又有異門、體相、釋詞等，即較一切毗曇為廣也。論但標此體例，而製作未遑焉。

根本此意而為大乘之「阿毗達磨」，實自無著之「集論」始。以今所知，大乘之獨立「阿毗達磨」似亦只此一種。以其製作較晚，舊論體製悉聽取裁，故得大備。後世親《莊嚴經論》及《攝大乘論釋》，皆解阿毗達磨意義有四端：其一對法，謂以四諦道品等說，趣向於涅槃。其二數法，謂以思擇法門數數分解別法相。其三伏法，謂說論議能伏他異諍。其四解法，亦稱通法，謂釋經規式通曉文義。此釋之標準阿毗達磨，即「集論」也。論之本事分四品，標章分別，即是「數法」。決擇分四品，諦品解瑜伽所緣，法品解瑜伽修，得品解瑜伽成就。此宗即以瑜伽對向涅槃，故此三為「對法」。論品或說論議，或說釋經，即「伏法」與「通法」也。今更列表明之：

集論
- 本事分—四品—數法
- 抉擇分
  - 諦品、法品、得品——對法
  - 論品——伏法、通法

（數法、對法、伏法、通法）——阿毗達磨

「集論」內容雖甚繁複，然以成法相格，惟數法一端可稱純粹阿毗達磨，故無著特題為本書分。此以舍利弗毗曇與品類論之品目比較，可見其組織全同也[60]。至與「大論」本地分名稱近似，而實不倫。以「阿毗達磨」之成分言，「大論」決擇分與此相類，而非「本地」分也。唐賢解即以為「集論」二分仿「大論」以立名誤矣！又本論釋義多與「大論」不合，唐賢解，此論以瑜伽法門釋《阿毗達磨經》宗要，說與瑜伽不同，皆依經文處也。今既無彼經，莫由取證。但細勘決擇分，多處散引各經，即不拘於一部。又「釋論」謂此遍攝一切大乘《阿毗達磨經》中諸思擇處，似乎亦非一經。故釋經宗要之說可疑。今謂論與瑜伽不同，此乃無著之自說耳！

「集論」後有「釋論」數家，覺師子釋尤見精彩，安慧即因以糅合本文成《雜集論》，此名曰雜，乃仿《雜心論》例。「雜心」以婆沙莊嚴心論，「雜集」則似以「經部」、「上座」等義莊嚴集論，「經部」上義座者，世親俱舍之所明，而眾賢正理力致駁斥者也。今復取而用之，故說此論為救俱舍而作[61]。此種立說或與集論之本皆未當，然而大乘論書反對婆沙師之精神固已貫徹無餘矣！自後阿毗達磨遂鮮繼作者。

《內學》第二輯 一九二五年

---

1 參照木村泰賢《阿毗達磨論之研究》十二頁。
2 佛說十二分教中論議原名鄔波第鑠，但在《大論》卷二十五等處解作摩呾理迦。又參照《內學》第一輯九一頁。
3 參照《阿毗達磨論之研究》第一篇。

4 真諦《部執異論》、義淨南《海寄歸傳》卷一，《錫蘭島史》第五、《大史》第五等處，皆說小乘分十八部，蓋是古說。

5 參照木村泰賢〈說分別論者與部派之所屬〉文載《宗教研究》二卷六號。余嘗考證「分別論」者為西北印度大眾上座兩部末流之混合派。以分別論者之說詳於婆沙，婆沙列舉小乘異宗甚多，獨於西北流行之法上密林山雪山說假等部不一涉及，但說「分別論」者，或此數部末流已合為一也。木村論文證成分別論者為大眾末流，益見此說可信。

6 參照《論事》英譯本Points of Controversy, P.5.

7 《南海寄歸傳》卷一，說諸部流派大綱惟四，以正量為一大宗分出四部，蓋就當時情勢言之也。

8 《慈恩傳》卷四載玄奘從蘇部底蘇利耶二僧學大眾部根本阿毗達磨。又寄歸傳卷一註云：大眾三藏各有十萬頌。此皆可為「大眾部」有阿毗達磨之證，但亦後出之籍耳。

9 參照異部宗輪論述記卷中，寧刻十頁右。

10 參照日本縮刷《藏經》，往一，十八頁左。

11 木村《阿毗達磨論之研究》一三四頁，依荻原雲來之說，以蜫勒為南方毗曇。今勘智論所解，其說未可信。

12 身子是舍利弗舊譯，五法指五分而言。

13 參照《阿毗達磨論之研究》第二篇第三章。

14 參照同書第二篇第二章一至三節。

15 如舍利弗毗曇解眼入，第一論門同法蘊論及分別論，第二論門同分別論。又解法入，第一論門同分別論，第二論門同法蘊論。皆見舍利弗毗曇之第二論所共本。日人赤沼智善謂先有分別論，次有舍利弗毗曇，後有法蘊論（見《宗教研究》二卷五號），未可信。

16 表中部別源流，依《錫蘭島史》等傳說。

17 參照本刊南傳小乘部執。又Journal of Pali Text Society, 1904-5, P. 69.

18 Ibid. pp. 73-82. 各說異同略表如次：

	集異門論	品類論	識身論	界身論	法蘊論	施設論
奘傳	一、舍利弗	二、世友	三、提婆設摩	四、世友	五、目犍連	六、迦旃延
稱友傳	六、拘絺羅	二、同右	二、同右	五、圓滿	三、舍利弗	四、目犍連
西藏傳	六、同右	五、同右	四、同右	三、同右	一、同右	二、同右

19 參照木村《阿毗達磨論之研究》第三篇。

20 「大婆沙論」引用此論最多，據木村所輯，已有七十處，又依「婆沙」、「發智」釋通施設亦有數處。皆可見此論之重要。

21 「集異門經」即舊譯長「阿含卷八眾集經」，巴利文長部曰「結集經」，宋施護又譯其別生本曰「大集法門經」，內容皆不一致。

22 參照Journal of Pali Text Society, 1904-5, P. 99.

23 涼譯六十卷婆沙作波伽羅那，譯云記別、分別。陳譯「俱舍」即作「分別道理論」。

24 婆沙卷七釋發智立章先智後識之故，以為依據經論舊法。論即指品類足，以其曾說智門識門也。

25 參照橘惠勝《印度佛教思想史》一七九頁。

26 參照Points of Controversy, PP. 8-63.

27 參照羽溪了諦《西域之佛教》四九一頁。

28 婆沙卷十八，西方尊者誦品類足云：九十八隨眠、二十七遍行、六十五非遍行、六應分別。今勘宋譯唐譯二論第三卷，全同此文，可見其為西方本。又婆沙卷十六云：品類足說，有苦諦以有身見為因乃至除未來有身等。評曰：應說除未來有身見及彼相應法等。今勘唐譯卷十三，全同評家，又可知其本曾經改正也。

29 參照《雜心論》寧刻本卷十一第十九頁右。

30 參照《發智論》卷一、《大毗婆沙論》卷二。

31 如《論卷》四一行納息，依六句七句對問各法，又用世定，凡有歷六、小七、大七等門，問答繁複，皆迦旃延所創也。

32 舊譯「跋渠」，義云「品」也，今譯「納息」，於梵文無徵，或是「誦時停息」，即告一段落也。參照Journal of Pali Text Society, 1904-5, P.83.note.

33 「發智」製作以後，有各種異本，各種註書，而後集成於「大毗婆沙」。其間非相去稍久，不合事實。「智論」云：「迦旃弟子造婆沙」，殆指其徒眾，未必直傳弟子也。

34 婆沙卷三十三解發智論云何無學慧章，凡有四種異誦：一本無學正見智，評為最善；二本無學八智；三本無學作意相應止觀；四本無學智見明覺現觀，皆評為太總。今勘陳譯同第三本，唐譯同第一本，其為先後改本可知。

35 見《出三藏記集》卷十，慧遠心論序。又論卷四契經品長行云：雖有一切阿毗曇經義，然諸契經應具分別。是以上各品說經義，而今分別各經，亦可見論之性質。今人木村泰賢信「三論玄義」之說，謂論係婆沙綱要。又舉論中說六因等，為有部立義圓熟以後之證。然此但可見論在發智之後，不必關係婆沙。且心論長行，考係後來迦濕彌羅論師之作，尤不可據以推證也。

36 「心論」原本似但有頌文，此有數證。慧遠序贊備其歌咏格調，一也。後出各註但解本頌，不及長行，二也。現存四卷長行每註其人以為云云，乃譯家覺不合頌意者，三也。論卷三解願智有七智除心等云云，論經即謂此係迦濕彌羅師說，尤可為長行非法勝所作之據，四也。雜心論卷一附註云：諸師解心論者不同。又云：法勝所釋最略，上下文意矛盾，即不可信。

37 此即舊譯「頗須蜜所集論」。所立各說勘與婆沙中世友之言大致相同。至於論之品目亦仿發智，尤可見二者之關係。舊序此論與發智並興外國，蓋特重視之。

38 如「扇多論」卷三釋隨眠四義，全同外國師。又釋十五心是見道，又同東方之說。可見其不主一家也。至外國師立說最為極端，嘗謂發智是異論不必須通，見婆沙卷十七。

39 如婆沙卷四十六至五十，解釋三結等章數行，凡有三萬五千言。又卷七十一以下解釋二十二根等章數行，凡有十五卷，其廣說也可知。舊譯十四卷婆沙，即輯此等論門而成。

40 說詳木村《阿毗達磨論之研究》第四篇。

41 涼譯「論卷」十八云：云何無學慧身？答：若智乃至若現觀等。評曰：此說可爾，但應說盡無生智不攝無學慧。唐譯「論卷」三十二，答語全同評家之說，可知其曾經改訂也。

42 俱舍頌文與雜心之關係，參照木村《阿毗達磨論之研究》第五篇，又《內學》第一輯八十六頁。

43 見《俱舍論》卷十九流通頌，又日人林常《俱舍論法義》卷一。

44 參照木村泰賢《阿毗達磨論之研究》二五六頁，崛謙德《解說西域記》七九七頁。

45 論事第一品末章，再破一切有。註家謂是「案達羅部義」。可證主張一切有者，不止有部。但案達羅部晚出，當亦受「有部」學說影響而然耳。參照Points of Controversy, P. 108.

46 參照基師《襍集論述記》卷一等。

47 舊傳鳩摩羅什嘗語人云：使我為大眾毗曇，必勝於迦旃延。因知至什公時大乘毗曇猶付缺如，其先更可想矣！

48 「智論」說二百二法如千難品，但今論此文見攝等品，則龍樹時之千難品不必即與今論全合也。

49 「智論」云此文見婆沙菩薩品，勘今婆沙無此品名，惟一百七十七卷以下文意類此。

50 「智論」取用小乘各部之說甚多。如說十二因緣配三世（論五），則同舊有部說；大梵天別有處所（論七），則同西方師說；有六度（論八），則同外國師說；有緣無心（論六），則又同譬喻者。皆理長為宗之證。

51 參照吉藏《三論玄義》卷上，寧刻本十二頁以下。

52 參照荻原雲來《印度之佛教》一八一頁。

53 日譯本《印度佛教文學史》二一七頁云南方論中現存此論，內容待勘。

54 見《大毗婆沙》卷一百三十六。又參照宇井伯壽《印度哲學研究》第一，三七〇頁。

55 《大毗婆沙》卷一百三十一載此文，勘《瑜伽師地論》卷三立說全同，可知「大論」瑜伽師即承此而來。

56 參照《顯揚聖教論》卷二十。

57 彌勒為史的人物，參照《印度哲學研究》第一，三五五頁以下。

58 如「論卷」三說五識生後無間意識必起，依「智論」卷八說，此入禪中方知。

59 於此可見本論與成實隱有相通之點。又摩呾理迦與阿毗達磨分別，見《內學》第一輯九一頁。

60 此說在早年日人宇井壽已發之，參照《印度哲學研究》第一，四〇一頁。

61 此說見基師「唯識述記」卷一，但其文句讀有疑待考。

佛家辯證法

恩格思在所作《自然辯證法》的札記裡，曾經說人類理性發展到較高階段才能有辯證的思維，並舉佛教徒為例（見曹葆華等譯《辯證法與自然科學》第六五至六六頁）。他是見著佛家那一種理論而為此言，我們還不很明瞭，但佛家的思想方法一開頭就帶著辯證的色彩，並且後來逐漸發展，而始終就很遠的走在西洋人思想的前面，這是稍微留意佛家學說的人，都會有那樣感覺的。最先，原始的佛學裡含有辯證意味，為後來思想向這一方面開展的根據的就有三點：其一是「分別說」，這反對一向的即片面的看法，而與現象的隨時變化相應。其次是「中道說」，這反對偏執一端的看法，而和現象的相對性相應。最後是「緣起說」，這反對孤立的看法，而和現象的互相依待、增上相應。這些都具備辯證的意味，到了發達以後，就成功為佛家的完全辯證法。

在小乘部派佛學裡分別說等方法雖然被運用著，但是偏向辯證的或形式的方面，並未能盡其實效。像南方上座部的教典《論事》裡，藉八門的分別論法，從各方面發現論敵的矛盾來使它墮負，這完全流於形式，便是一例。到了大乘佛學流行，佛家的辯證法纔有正當的開展。典型的著作是古本《寶積經》，後來編入大部，稱為《普明菩薩會》。它裡面詳說菩薩藏十六門教授，最重要的是菩薩行的自性，由正行中安立所學，即用理論來聯繫行事，求其一致。而所舉的正觀法門，內容貫穿著十三種中道行，要將真實的見地應用到一切行為上，隨處都採取辯證的方法。它不單著眼於對象自身的矛盾，並還連接到思想和實事的矛盾；不單顯示出這些矛盾而已，還要進一步克服它。這樣觀察和行動打成一片，自然不僅僅是思想上辯證的發展了。我們從後來發揮此意的《辨中邊論》上看，就很容易明白的。

「中邊」引據《寶積經》的中道行解說無上乘（即大乘）的正行，謂之離二邊。它對於原文只說一方面的，都舉出相反之點。並統一了這兩面而成中道。譬如第一種正行，《寶積經》原文說：不觀諸法有我、人、壽、命（這就是秦譯《金剛經》裡面的我相、人相、眾生相、壽者相），「中邊」發明了它中間的辯證意義，以為這是針對執著色等五蘊與「我」為一或與「我」為異而言的。若對內色等執著為「我」，而現作見者、聞者、覺者、知者，這些是色等與「我」為一；又若看色等是另外一種「常我」所受用，這是色等與「我」為異；一異兩邊都是從色等法上可以引申出的見解，也係色等法本身所含矛盾之點。如何來統一它，就要推究到這樣矛盾的來源「我執」。從根本上去掉執著，自然會統一了矛盾。這還是主客觀聯繫著而說；要進一層研究，便明白主觀的執著並非無端而起。即認它是病目空華，也必有病、有空為其依據。所以發現矛盾的原因，從而除掉它以後，得著了對象的真實，還要加以改造，使其不再引起矛盾。這樣辯證法的運用便不簡單了。又如第五、第六種正行，對治關於法相的增滅執著，這先從「常」「無常」說起。執常的是外道，他們被「常住顛倒」所惑，而加以種種執著；執無常的是小乘，他們追求斷滅的涅槃，而生起各樣執著。這兩類執著對於同一的現象上說，是互相矛盾的，也就是那現象會具備著引起這樣矛盾的複雜性和相對性。現在正確地觀察，諸法有連續相似的相狀，並非絕對的無常；又有緣起生滅的相狀，也不是絕對常住；這樣離掉兩邊的固執，才會認識到諸法的實相。進一層，常與無常的執著純由「我執」而來，那麼，在諸法上有我相是一邊，無我相又是一邊，這兩者也是互相矛盾的。現在應該觀察諸法無所謂「實我」，去其增益執；但有假施設的我相，去其損減執。這樣離卻兩邊，才得著諸法的實在。再進一層，我與無我的執著是關係著「心」的實在與否的，這裡就又有一重矛盾的看法。但正確的觀察，應該止看心法為緣起的，不是實在，去其增益執；心雖無實法，而有分別相狀在著，這又去其損減執。如此離卻兩邊，才得諸法的實相。還可進一層推究，這些法相的辨別，原來為了能所對治之用，所以在諸法上還可以看得出善、不善、染、淨、有過、無過、世、出世、有為、無為，有漏、無漏等等對待矛盾，而這些對待矛盾之相，都需要得其辯證的認識，才能成就「正觀」，使實踐履行於「中道」。由此，隨在一種的現象裡，都會有複雜的性質，以致主客觀的相涉層次重重，不是簡單的觀察便能窮其實在的。佛家辯證法的運用，在這些地方最能發揮所長。上面從《中邊論》的解釋已經明瞭《寶積經》所說辯證法的一斑，此外有好些大乘經也有同樣的材料，像《維摩詰經》的〈不入二法門品〉及《金剛經》中「即非」、「是名」的說法，都是最顯著的一例。

到了龍樹，佛家辯證法的運用邁進了一大步。他的學說是通過當時流行的各種大乘經，而上承原始的佛說的。在他所著《大智度論》裡，首先肯定了佛之所以為佛，即在能如實分別諸法的自相、共相。這屬於分別說，卻非簡單的分析，應該是由辯證的正觀而窮究諸法的實相的。此意在《中論》一書裡更有了發揮。論首兩個歸敬頌，後來也被稱作〈入般若初品法門〉（用無著《順中論》意）的，就說明佛教最殊勝之點在於「八不」解釋緣起。「八不」，為一類分別說的法門，根本意義與《寶積經》相通。由於執著諸法有實在的自體，便會跟著來了生、滅、斷、常、一、異、來、去等相的法執；假使明白法體之不實在，自然八相俱非。但是諸法緣起、生滅等相並非純無依據的，所以在這些中間應該離開兩邊的執著來觀察它、理會它，以得著合理的實踐。佛的學說，便是能夠最善巧、最完全表白這一層意思的，因此稱為最勝之說。

龍樹用辯證法來闡明諸法的實相，歸宿到無自性的「空」，而「因待他，見有變異」（用「十二門論」語意），並不破壞「緣起」，這是根據原始佛說「諸行無常」的根本道理。更進而藉「世諦」顯示「第一義諦」。再由「第一義諦」達到「涅槃」——人生理想中的絕對安穩狀態。因此《中論》最後的結論〈觀涅槃〉一品明白的說，一切法空，不生不滅，不斷不常，這樣便是涅槃狀態，更無需乎斷滅它，如此總結到涅槃與世間（諸法）沒有少許分別。反轉來就世間說，它和涅槃也不會有分別，因為涅槃的實際和世間的實際（即涅槃性）是平等的，一致的；這也可說，世間的實際即等於涅槃。由此可見，龍樹的辯證法實相觀完全和實踐相聯槃，是著眼於除滅一切戲論執著以得到絕對安穩的境界的。後來無著解釋《中論》，很能領會這層意思。《順中論》裡便說，不生不滅等八門應該作非生非不生，非滅非不滅等解釋。因為說不生，並非指出一種法決定是不生的，不過破除了生的執著而已，生的執著既然破除了，不生的執著當然也不許有的。這和用藥治病一般，應該是藥病同離；如果病去藥存，反而成為另一種的病了。所以觀察不生是生與不生兩方面俱遣的。絕不像常途所解，世俗有生而勝義不生，那樣地截然成為兩事。實際離了第一義諦（即勝義），也無所謂世諦，這就是龍樹說涅槃與世間實際不異的根據。

龍樹所說的八不法門又還解明了諸法變化不停的內在原因，即一切現象的本身就具有不得不時刻遷流變異的原因，並不待另外的「作者」。這層意思，見於青目註解《中論》所引用的一段《無畏論》論文。那上面用世間經驗的事實來作解說，譬如穀物，現在所有的大都是從無始即很遙遠的時間展轉相續而來，絕不是隨時有特異的新種，從無生有，所以可看作「不生」。但是，從前的穀類既然展轉傳來，直到於今，可見原來種屬並沒有消失，這樣又可看它作「不滅」。在這中間，卻有各樣的變化，譬如由種子而發芽，而生莖、披葉、開花、結實等，各各不同，所以可看作「不常」。不過，芽雖非種，而依種起，如是由芽而莖，由莖而葉，而花，而實，都是相聯繫著的。所以又能看作「不斷」。再進，種與芽形象不同，即是「不一」，而同屬穀類，不與其他相混，故又是「不異」。芽從種而生，並不像鳥的棲樹由外而來，所以可看作「不來」。但這是種的全部變異而發芽，也不同於蛇的出穴從此他往；所以又可看作「不去」。這些都是平常經驗裡所得對象變化的情況，而它們自身中即具有不得不時刻變化之勢，新的念念發生，舊的就得念念消滅，剎那不停，其間必有矛盾的力量為之推動，可不待言。恩格思在《反杜林論》裡，闡有辯證法中「否定之否定」規律，也同樣地用種和芽來做譬喻，可見古今人對於現象實相的理解，不會相差太遠的。（見《反杜林論》第一篇、第十三章）。

慈氏、無著跟了龍樹更加擴大辯證法的運用。像《大乘莊嚴經論》裡講到諸法的實相，就用五種不二門來形容。但它立義的根據在「遍計」「依他」「圓成」三性，而「圓成」性並不局限於自性清淨一義，另還有離垢清淨之意，因此合攏三性觀察實相，就含有前後變革的過程在內。例如，第一種不二法門舉「有」「無」說，從遍計、依他性看是不實的、非有的，但從圓成看是實在的、非無的，這些經過了變革，依計轉作圓成，才構成辯證法的非有非無。其餘非一非異等，大體意義也類於此，這樣綜合了諸法全體並從先後變化去觀察，在那裡面的矛盾性質以及如何去克服而得其統一，可都明白地顯露了（《辯中邊論》簡化《莊嚴論》意，單以有無不二法門顯示諸法實相，尤其精彩；其義易曉，現不另加解說）。這較之龍樹所闡明的更加具體，並且改變了龍樹單純的遮詮法門而兼有表詮，使實相的認識益見深刻，可算是佛家辯證法高度發展的一個階段。

此外，在佛家的「因明」裡，辯證法也多方面的被應用了。因明原以推究判斷思維的理由（因）而得名，開始側重辯論和論證方面，用來證明自宗的主張，並摧伏他家的異執。後來這一門學問發展為認識論，以正確的量為認識的標準。量的種類有現量、比量。現量是感覺，比量則是推理思維。在因明理論上，認識的全程是由現量的感覺，經過比量的推度，再達於更高的現量。這不是普通的感覺，而是離開名言（概念）分別所成的親證，也就是藉助比量上抽象名言的理解而後體驗到具體事實，密切符合而為「瑜伽現量」。如延長這一經驗，便能達到名言與事實統一性的認識，（《瑜伽師地論》〈菩薩地真實義品〉裡說為名言自性與離言自性的平等相）這又算是佛家辯證法的另一高度發展的階段。在這中間，名言本身的構成也離不開辯證方法。這從陳那以來用「遮詮說」闡明其意義。大略說，名言都以遮遣為本質，像詮釋青色的名言「青」，即以遮遣其餘一切「非青」的法來作表示，並不能正面說明青色的實質。這種說法給予當時婆羅門學系視「聲量」作知識的一種源泉的以沉重的打擊，又使佛家更有理由隨順名言的性質來用否定方法進行對一切現象辯證的認識，其影響可謂是極太的。後來從法稱以次的因明學者，對於此義有很多發揮，不為無因。

以上，我們就佛家思維方法上的辯證性質，略加歷史的敘述，已可見出它發展的情形，並明瞭其特點。其間最可注意之處，即是佛家的辯證法不僅僅是客觀現象中辯證法的反映，而特別側重於主客觀交涉上面辯證的意義。這和佛家沒有純粹宇宙觀，而祇是聯繫人生問題去尋求現前存在現象實相的一點極有關係，我們當另題解釋，這裡便不多說了。

一九五三年十二月二十八日改寫稿

《現代佛學》一九五四年一月

西藏佛學

《安慧三十唯識釋略抄》引言

「唯識」有古今學，非徒立說先後精粗之別已也。傳習根本諸論又各異文焉。此說證之我國新舊諸譯而信，證之西藏新譯亦信，今得親接梵本乃尤信。傳世親「唯識論」者，舊稱十大師。然唯護法說備東土，安慧書存藏衛，餘見稱引，鱗爪而已。安慧一家傳承更久，故晚唐以後猶得流布西藏，大暢厥宗。「三十唯識」譯籍存者，有本頌，有釋論，（安慧）有論疏，（律天）備三類焉。然其梵本湮沒千年，不可得也。四載前（一九二二年），法人萊維重遊尼泊爾，得見皇家藏書，有梵文「三十頌」釋寫本，審其題尾，儼然安慧論也。亟乞諸王師影寫而歸，為梵學者講習於巴黎大學。三年（西元一九二五年）校訖，附世親《二十唯識論》梵本，（亦得諸尼泊爾）題成唯識，合而刊行。同時日人榊亮三郎亦校「三十論」首六葉載諸《藝文雜誌》（第十七卷第五號），增田慈良又就論前序分比較梵藏漢譯，著為論文，載諸《學苑雜誌》（第二號）。於是安慧釋論原本廣播世間，余亦得備致誦覽，因知梵本與藏譯最近（據萊維校刊，梵本第六七頁多有缺文，餘與藏譯出入甚微。）所據本頌，文意大同，獨與唐譯時相逕庭終不可合。古今學異文之說，於此乃定讞也。至於循釋通頌，比較研求，復備數益焉。

其一、得以窺見安慧所傳本頌之特徵也。西方造頌，撮要填詞，每每文言簡拗，尋解遊移，長行分疏，而後楷定，是為訓釋。西方造論，逐本著文，隨標隨釋，常不別舉，全文割裂，意義洞然，是為章句。一家傳本異文之意，即存於訓釋章句之間。故孤頌異同無從解說，有論廣成乃可知耳。今由安慧釋論推頌，傳本特異之處，莫不瞭然，是一利也。（萊維印本順釋所牒頌文，提行排列，頗醒眉目。但仍有小疵應改，如三十五頁第十七頌末句重提兩處，又全篇引頌亦復提行，皆生混淆。但此猶無關文旨。若我國舊譯釋論另提論本於前，至於釋文標牒皆不區分，因以晦失意義不少。唐譯《二十唯識論》亦不免此，誠憾事耳。）

其二、得以尋繹唐譯本頌之真相也。唐譯《唯識三十頌》，雜入科文徵起，蓋是《成唯識論》摘要。文意與護法解說最符，疑即一家傳本，以無佐證，未能定也。得安慧論而後曉然譯本之果為別傳，不寧唯是，憑藉梵本頌法推勘唐翻，又見譯文尚不盡實，所謂別本真相，乃另有在焉。蓋西方頌法有多體裁；此「三十頌」用首盧迦體，八言一句，二句一行，二行一頌，用韻短長一一有則。頌文隨順，或省文（如安慧傳本第十頌，列善心所名目無捨，但云俱。）或增字（如第十七頌末句一切唯識，末加是字乃足八言。）或倒綴名目（如第十二頌，六煩惱中，見前於疑。）或多致牒言（如第三四五頌解藏識，凡五以彼字牒前文。）或成單句（如解藏識有二頌三句，遞至第八頌解六識遂成單句，不滿一頌。）或有賸詞（如第七頌首句末賸一餘字，屬下句觸等。）是皆屈曲立言，不能如散文之順暢。至於轉譯，限制五言，又非恰順頌本，愈違原意，有如唐譯，詳其所略，損其遊詞，順從文理，釐然有式，此亦便於觀覽之至也。然而增損稍過，面目即失。其細者，如第二十頌彼彼分別，譯作遍計。返譯梵文，則多一韻不合頌法，又與前後稱分別者義不相隨。其甚者，如第二十四頌解三無性，併譯兩句不足一頌，又增後由遠離前兩句。返譯梵文，皆成蛇足，而次頌三句本解第三無性，乃別科判漠不相關。若是種種，為例甚多。譯文善巧未見其失，格量梵本而知有過不可掩也。必加披疏，乃得異本之實，則如心所中悔眠等為不定。（安慧本頌云悔眠亦如是，此亦如是三字論無解，即是餘文，改為不定不破頌式。）又如第三能變緣境為性等（安慧本云第三若六種境能緣者是，多有餘同，改為性相亦不破頌式。）真是傳本異文耳。故由安慧論格量唐譯，真相乃明，是二利也。（因此又知新譯唯識諸籍，傳今學本，而譯文敷衍，與舊譯古本情形異同。直據其文以相是非固難得其平耳。）

其三、得以推想世親本頌之原文也。謂安慧所傳本頌為古學本，不必即當世親原文，但推想原文亦必與是最近。爰以見其然也。唐譯三十論以前有《轉識論》（舊傳陳真諦譯），即三十頌一家之釋。譯義雖多乖違，但依安慧論勘，此釋應在前出（安慧論每云復次，即存舊說。轉識論所解，數見安慧復次文中，其為前出之作可知），所釋本頌必近原文。今以安慧頌本相較，如出一手。若第七識思量為性（唐譯本乃云性相），餘觸等是餘之觸（唐譯本餘作實字，乃可云餘及觸），悔眠等是隨惑（唐譯本乃作不定），出世智無能緣心（唐譯本乃作不思議）為例皆同，從可知安慧本之近於原文也。復次，釋原文者異義紛披，勢必原文涵此種種契機，乃有生發。今即准此勘安慧本，如第六頌，一家解，末那與四惑相應，又是無覆無記（《轉識論》）。此必原本四惑與無覆無記相次為文，乃有此解。勘安慧本云云，則恰合也（唐譯本乃出無覆無記於後）。又如第十頌，一家異解，善心所但有十種，此必原本名數不全乃生此說。勘安慧本云云，又恰合也（唐譯本具出行捨名目善法十一即不容異解）。又如第二十頌，一家解，所分別境是無體，故成唯識（《成唯識論》卷八又轉識論）。此必原本無字可承所分初言，乃生此解。勘安慧本云云，又恰合也（唐譯本所分別下云由此彼皆無義勢則隔）。今世親三十頌原本雖不可見，得安慧本想像髣髴，此三利也。

其四、得以探求世親頌文之古義也。如上辨析古今傳本不同，非僅備文字考訂而已。竊謂理解所資，文義相涉，非見古本亦不得古義也。余非偏愛於古，治此學多年，出入注疏，徬徨旁論，繁瑣附益之說備為困縛，而後痛感有直探驪珠之要，捨是則治絲愈棼也。注疏之說，條理細微是其所勝，而懸想之談每每掩其精彩。如《成唯識論》，糅十家之書者也，於十家說即應有辨，乃疏家時稱難陀云云。今勘多出安慧，其間是否相因雖不可知，然如舊說，則失之安慧也。又每稱安慧云云，今按多得其反。如說見相分是遍計，安慧但言分別所取二取遍計，不說見相也（餘有多處勘文可知）。大處已乖，釋文尤甚。如三類識變本指其事，解為能變則屬法體，以至因果二變釋意糾紛，卒不可解（勘下出安慧論文短長自辨）。是其辭愈繁而意愈蔽，安所得頌本義乎。又旁論推徵，是護法說精華所寄。今以安慧論勘成唯識，大抵釋文十同五六，其他異義多在旁論。如種子，如四分，如三依，如四緣，安慧論不一言，蓋皆其後出也。論以明頌，不得本義，則遍詳旁論猶病流漫，況復注疏曼衍其辭者乎。故治此學應知本，即非明古義不為功也。安慧論釋不繁，堅守家法，如釋識變則從中邊，釋心所則從集論五蘊，釋三性又從攝論，理解一貫，古義之說其在茲乎。嗚呼，無著世親之學亦久蔽矣。唐疏復興，啟迪甚盛，然而有志之士研鑽莫入，每望望然去之。雖不敢菲薄情深，但云繁奧難解耳。夫以繁難為精深，此學不將愈晦歟。今謂古疏之說應別為唐人學治之，若明西土論書，則必由古義直接得之。有宜慧論啟此端緒，是四利也。

茲篇抄譯安慧釋論，以明本頌為主。出其訓釋章句，達意而止，餘悉從異。頌文對校梵藏翻譯，釋論多依藏譯（內院樹因研究室藏本安土版），以其譯意更明暢也。此皆講次所出，未暇覆勘，脫誤不免，願識者指正之。

《內學》第三輯 一九二六年

《因明正理門論本證文》前言

往代傳譯梵籍常有證文，今謂研尋義理亦有證文。云證文者，藉原本之覆按，得章句之刊定苟欲義解切實，捨是道莫由也。奘師舊譯「正理門論」，擷量說之精英，立因明以規範，瑜伽宗學，斯屬一家。獨惜文辭簡拗，舊釋散殘，今可得而舉者，如泰師述記基師大疏（引文）皆僅具其半，而擬議未融有待考訂之處，又比比見也。近讀番本集量論釋，審其正宗即從理門錄出，牒引文段，十同六七。理門原本雖不存，旁資此釋以為格量，固綽然有餘，因援證文之義比次勘之，廬面漸真，積疑渙解，蓋亦研學因明一大快心事矣。亟刊之以餉學者，略例如次：

一、本論章段，對勘集量，凡有相當之處，皆以數字次第記出。本論段落記以括弧數字，所對集量則記以弧外數字。如記（七八）二，即本論第七十八段，當於集量引文之第二段者，檢集量論釋略抄本（二）七八處即得其詳。餘文例此。

二、本論文句，悉參酌集量考正，而以頌文為綱，長行繫屬。頌有先標而後釋者，是為本頌，今悉低三格。其外重頌上文，或攝頌餘意者，原為旁論，今悉低四格以醒眉目。

三、本論長行，釋頌牒文之處，今皆用引號『』標出，其比量舉例，則用單引號「」明之。

四、本論文義，對讀集量，有相互發明按索自得者，皆不贅註。苦文句疑誤，意義隱曲，乃至傳本歧異之處，皆附註文末，附註取材，兼及番本入正理門論及正理一滴等書，以其本相宗承也。至於唐人錯解，取此校註對比可知，今不具記。

五、大藏中現存義淨所譯「正理門論」一卷，文同奘譯，僅篇首多有釋論緣起一段而已。此段末云，上來已辨論主標宗，自下本文隨次當釋。勘此殆係一種釋論（奘譯題曰「論本」可知別有釋文），義淨試譯即輟，後人取足奘譯以為一本，錄家因以誤傳，大藏則又相沿而未改也。今即但錄添譯一段於末，備考。

《內學》第四輯 一九二七年

西藏所傳的因明

印度的因明大成於法稱（約六二〇至六八〇年）。他所著的七部因明論書，是在西藏佛教後傳的初期（第十一世紀末），經俄譯師（Rṅog Blo-ldansesrab，一〇五九至一一〇九年）的努力才翻譯完全，而西藏人自己的因明著作也是由俄譯師的三傳弟子法師子（Cha-pa Chos-Kyi-seṅ-ge，一一〇九至一一六九年）開始。法師子住持桑朴寺十八年，作了法稱因有論中要籍《量決擇論》的注解，又著有通論性質的《量論略義去蔽論》（這一「去蔽」〔yid-kyi mnn sel〕的題目，後來即為一般啟蒙著作所沿用）。其弟子精進師子（Brtsun-hgrus-seṅ-ge）更恢宏其說，於是桑朴寺成為西藏研習因明的中樞，而一般因明理論也以法師子師弟之說為準則。

但是，實際奠定西藏因明學說基礎的，乃是薩迦派第四代祖師薩班慶喜幢（Sa-skya Paṇḍita Kun-dgah-rgyal-mothan，一一八二至一二五一年），他從釋迦室利（Sokyasī-bhaera，西元一二〇四年入藏）受學，重新校訂了法稱因明主著《量評釋論》的舊譯本，並弘揚比論，講說多次，轉變了西藏因明學者一向只重視《量決擇論》的學風，他還綜合陳那《集量論》和法稱七部因明論書的要義，另撰《正理藏論》的頌本和自釋，他的弟子正理弟子（uyug-pa Rig-pahisin-ge）更作詳解。在《正理藏論》裡批判了當時有關因明的各種說法，給學者以指歸，所以影響於後世者極大。（此書很受後人的重視，明代永樂初編刻西藏佛教各部門要籍為「六論」的時候，即以它和法稱的《量評釋論》並列為因明部門的經典著作。）

《正理藏論》共有十一品，解釋了陳那、法稱因明著述中的一切問題。全書由所知方面的「境論」和能知方面的「量論」兩部分構成。第一部分七品，分別解說所知境的本身（第一品對於境的考察），了解境的心（第二品對於心的考察），以及如何了解境（第三品對於總和別的考察、第四品對於成之和遮遣的考察、第五品對於能說和所說的考察、第六品對於相屬的考察、第七品對於相違的考察，這些都是關於心之了境的一般方式的）。第二部分四品，分別解說量的總相（第八品對於相的考察）、現量（第九品對於現量的考察）、為自比量（第十品對於為自比量的考察）、為他比量（第十一品對於為他比量的考察）。原來陳那、法稱的因明著述，只以現量、比量等分章，而《正理藏論》則從其中提出各種要義另行組成通論性質的各品。如《正理藏論》的第一品辨境，即是從各因明論的現量、比量章中提出境的自相、共相以及所取、所轉、所現、所執四類境來分析解說。同時批判了法上一派認為所取和所現、所轉和所執是一義的說法，並還提出自己的主張，以為凡境歸根到底只是一種自相，不過由於了境的心有不同乃相隨而各別。在其餘各品中也同樣地隨處先批判西藏和印度的舊說，再提出正確的說法，並還解釋了種種疑難。特別是在薩班以前，西藏因明以《量決擇論》為主要典據。此論在法稱所著三部根本論中只算是詳略酌中之作，義理並不完備。薩班改宏《量評釋論》，不但講究得更全面，而且由為自比量中發展了「遮詮」（apoha，這是陳那對於「概念純以否定其餘為本質」的創說，法稱也沿用之）的說法，又取〈成量品〉（《量評釋論》的第二品）之說闡明了量的通相，以及說到釋迦牟尼其人堪為定量的道理，聯繫瑜伽現量（佛家所認為現量的最高階段）而談，都有獨到的見解。

另外，還有可以注意的一點，則是薩班等所公認的傳統師承，都是從陳那、法稱而下，依次為天主慧、釋迦慧、慧護、法上、律天、商羯羅難陀等人，但在薩班等著述裡，對於諸家的學說卻以道理的長短為標準而有所取捨。這種學風給予後人的自由立說以很好的啟發。

西藏所傳的因明到了元末明初的宗喀巴（Tsoṅ-kha-pa Blo-bzaṅ-grags-pa，一三五七至一四一九年）和他的弟子們又有一大變化。宗喀巴雖曾以薩迦派仁達瓦（Ren-mdah-pa Gshon-nu-blo-gras，西元一三四九至一四一二年，薩迦派晚期兩大學者之一）學習因明，但他通達此學，實得力於他自己對各種因明論書的尋研。他生平未曾撰述大部注疏，只是常常講說量論的綱要。《量評釋論》的現量品以及量論有關修行的道理。他的大弟子賈曹杰（Rgyal-shab-rje Dar-ma rin-chen，一三六四至一四三二年）替他記下了《量論備忘錄》和《現量品備忘錄》，另一大弟子克主杰（Mkhas-grub-rje Dge-legs dpal-bzaṅ，一三八五至一四三八年）又作了《現量品述記》。此外，宗喀巴自己只寫了有關因明綱要的一種小品，題為《七部量論入門去蔽論》。此著雖很簡短（拉薩版全集本僅有二十三頁），但用境、有境（即心）和了境方法三門來作通論，實際包括了因明所有的問題，並建立了他們一系（格魯派，通稱黃教）量論著述的綱格。其弟子克主杰撰《七部量論莊嚴去蔽論》，又根敦主巴（Dge-bdun-sgrub，一三九一至一四七四年）著《大量論正理莊嚴論》，其結構均不出它的範圍，僅內容更為充實而已。

即從《量論隨聞錄》中可以見到宗喀巴一系對於因明的特別看法。他們強調因明論也是希求解脫和一切智者所必需之學，所以這類論書兼備內明的性質，並不像常人所解只供思辨之用，這種看法的根據在於《量評釋論》的成量品。本來，陳那「集量論」開端有個歸敬頌，頭兩句說佛堪為定量之人。法稱的《量評釋論》發揮其義，寫了成量品一品，共二百八十餘頌。它從「量以不虛偽的識為總相」說起，詳論佛現證四諦的各種相狀，一無錯謬，故能指示求解脫和一切智者的途徑，而成為定量者。這種說法給宗喀巴一系以啟示，他們便主張運用因明可以正確證成四諦之理，而引生瑜伽現量以得解脫，故因明的實際具備修道次等的意義。

宗喀巴等這樣結合因明於修持，帶了特殊的宗教色彩，同時就限制了因明的正規發展。他們還打破了因明和內明的界限，好像兩者理論完全相同。其實嚴格說起來，這是可以商量的。如在《佛地經論》裡，便明白指出因明和內明之解自相、共相各有其不同的說法，不應淆亂。

宗喀巴的弟子們對於西藏傳譯的因明論書，多重加探討，並做了注解。像賈曹杰就對陳那、法稱的各種論書大半有比較簡要的注解，而且貫串著「因明具備解脫道次」的主張。他給《量評釋論》頌本作注解和撮要，即以「闡明解脫道」為書名，同時也明白表示和薩迦派不同的見解，特別是表現在對於印度各家說法的取捨上。他又對薩班所著的《正理藏論》作注以自申其說（此注收在拉卜楞寺版「賈曹杰全集」第四帙）。從此以後，格魯派的因明研究，即專以宗喀巴師弟之說為宗，而很少進展。

另外，在西藏的因明研究中，還存在著一些根本的欠缺。像陳那方因明理論，其初成型於《正理門論》，後來才擴充為《集量論》，故從學說源流上說，「理門論」也很為重要。但它的梵本早就失傳，以致重視因明的薩迦派雖從第三代祖師名稱幢（Grags-pa rgyal-mtshan，一一四七至一二一六年）起即注意此書，而他和後來的教童（Ston-gshun）卻一再誤譯天王（陳那門人）的《入正理論》，以為即是「理門論」，並還改動作者天王的名字為陳那，由此展轉訛傳，再沒有人能糾正其失。實際「入論」和「理門」固然詳略懸殊，而且釋義也有出入，如徑據「入論」求談陳那之學，即難免有本末倒置之病。其次，陳那、法稱的理論有處和經部相關。經部著作現在沒有整部的傳本，只在別種論書中引用它一些片段。其比較引文豐富而較有系統的要推《順正理論》，本來可以利用，可惜西藏只翻譯了它的略本《顯宗論》，其中有關經部議論之處，早已刪除無餘。因此，西藏因明中關於經部之說都只局限於法家零星的傳述，不能博引以使研究更深入一步。（還有因明論中關於印度各派哲學之說，藏文資料也很不完備，同樣有此缺憾。）這些是西藏因明的欠缺，不可不知。

《現代佛教學術叢刊（四十二）佛教邏輯之發展》一九七八年八月

重譯《西藏傳本攝大乘論》解題

此論原文載西藏一切經丹殊論部第五十六利字函。亡友黃樹因先生嘗從北京雍和宮抄出一本，詳加校勘，擬事迻譯，不果而歿，既逾歲矣。茲得遺卷每覽憮然，研究之餘，勉出初分，將為迴向亡友上生兜率，速得聞熏成就菩提云。

此論梵本傳來中國，前後四譯。初譯元魏佛陀扇多出，次譯陳真諦出，三譯隋笈多等出，四譯唐玄奘出，共經一百一十七年。西藏別有傳本，約在西元九世紀頃譯出，距唐譯又後百五十餘年也。各譯文句頗有出入，如所知依分種子五頌次句或云於二，或云二種，末句或云任運後滅故，或云如任運後滅，此為無性釋論所已解者。其他如滅定有心意識不成一段，或出多因，或出一因，或多因與一因並舉。賴耶共相不滅一段，或但共結難斷一頌，或並有諸瑜伽師一頌。又以對讀而知。凡此種種皆可見論文以傳者為之增減，實有多本焉。如滅定有心段總舉一因，唐譯世親論解云第二誦。共相不斷次頌，唐譯論文又云別頌。蓋其先皆有一誦本，後乃合之一處，揆諸義理實複出矣。今以此考各本之同異關係，則唐譯二釋滅定段共相段皆二誦合本，其源流自極相近。陳隋兩譯滅定段皆不舉一因，又相類似，而俱屬先出者。至於魏譯本與西藏本共相段皆無第二頌，滅定段或無多因或有而不全，又大致相類也。至於立名釋義，則藏本與隋陳諸譯又時見一致焉。以藏本之最晚出，乃與數百年前魏陳等本有相同處，此正可證西土之傳無著學說有以章句分判者。余嘗謂唯識古今學各傳無著世親之說，而各異文，如奘師今傳今學亦依無著世親，而其引據則已殊於舊文也。今以藏本攝論證之，此說彌信。如賴耶之為一切種子，賴耶之以依得名，闡熏種子之為無漏因緣，乃至三性之解釋，凡古學之所特異，皆可於藏本攝論得其確詁，而見其不必一一與今學家言同也。此實藏本論文最足珍貴者已。

《內學年刊》一九二五年

漢藏佛學溝通的第一步

隨著中國佛協的成立，漢藏佛教界的關係日見密切，兩地佛學的溝通也益覺其有迫切的需要。在佛協的成立會議上，代表們討論到如何發揚佛教的優良傳統，就已提出了漢藏佛典翻譯的問題。但這問題過於專門了，一時難得有具體的結論。會後，我看到一些有關西藏佛教文獻的稿子，重新引起了注意，因而擬了這個「漢藏佛學溝通的第一步」題目來再發表些意見，以供當代漢藏佛學的參考。

的確，到現在這個新時代來，要從「中國的佛學」裡，發揚它積極的、進步的，而又有助於文化建設的成分，這必須參合漢藏雙方的學說，認識它的全貌，才談得上正確；又必須有雙方學者的合作，才做得到徹底。我們說漢藏佛學溝通的有其需要，它的意義就在於此。溝通的第一步，應該是彼此的互相了解。但以往多少年來，漢藏學者在這方面所做的準備工作就很不夠。有些漢地學人從西藏求學回來的，也曾做過些介紹說明西藏佛學的報告，或者還編譯了專書，但只有少數能深入。再說西藏的佛學文獻方面，東西洋的學者一向在關心研究，本來有不少好材料可以採取，而到現在，我們還沒見著一部用漢文寫成的西藏大藏經的完全目錄（清代也有過西藏藏經目錄的譯本，但譯語怪僻，不可卒讀，當然是不合用的）。因此，我們要了解藏學而可用的漢文材料委實太貧乏了。至於在藏地的情形，那就更差。我不很清楚多年去西藏求學的人怎樣地介紹他們自己所知道的佛學，但就我個人見聞所及，似乎藏地學者所藉以了解漢地佛學的，還離不開工布查的中土佛法源流（mgonpo skyas-kyi rgya-nag chos hbyung）和土觀的西藏佛法源流（thu-hu bkwan-gyih-obkyi chos-hbyung）附篇等舊作，而那些作品都是充滿著錯誤的。我在一九四二年校印了土觀那篇文章，就曾做過一段導言，提出它的重重錯誤，這裡且不多談。至於有關漢地佛學文獻《大藏經》方面，西藏也只有工布查的著述裡做過至元法寶勘同目錄的翻譯。但至元錄本身問題就很多。它的勘同，可說是流於形式的。只要一看見西藏經錄裡或著述裡有那部書的相似名目，便認為西藏也有譯本，其實卻不盡然；好多真有西藏翻譯的，它反而遺漏了。據我們粗粗地統計，它裡面所收一千五百二十餘種書，誤勘的卻有一百五十多種即是全數的十分之一以上。到了工布查的翻譯，更替它添上好些錯誤：有處無端地遺漏了（如《心明經》、《種種雜咒經》、《百千印陀羅尼經》等），有處又隨意勘同而勘錯了（如以《華嚴經》修慈分為金剛髻珠菩薩修行分的同本，《莊嚴菩提心經》為《方廣普賢菩薩所說經》的同本等）。它還有最大的缺點，就是很多書名都譯得不正確（如《大乘同性經》譯成theg-pa chen-pohi tshad-ma，《無上依經》譯成sgra chen-po等），甚至西藏著述裡有過譯名的，也忽略了不知採用，反搞成不倫不類（如《觀所緣緣經》〔dmigs-pa brtag-pa〕錯譯為《觀緣起論》〔tren-hbrel bsgom-pa〕，《理門論》〔rigs-pshis go〕錯譯為《量門論》〔tshad-ma hi sgo〕等）。所以單憑這樣一部目錄，實在難以令人明白漢譯《大藏經》裡究竟有些什麼書，更談不到比較運用了。但它所發生的影響卻是相當的大。我還記得二十年前，喜饒嘉措法師剛從拉薩回到南京來，我就拉薩新版甘珠爾的編纂上有些問題和他討論，他談到漢地《大藏經》的一切，就是完全依據工布查的書，並還對它加以推重的。可是，老實說，要從那些著述來了解漢地佛學的真正內容，如何能夠？現在，我們應該好好地再來做一番準備工夫：

一、用藏文重寫一部簡明扼要的漢土佛學源流，一直敘述到現在的情況；這須注意糾正工布查、土觀等撰述裡的錯誤。

二、徹底訂正工布查所譯的至元法寶目錄，要使每一部書都有正確的譯名和實在的勘同。

以上是關於漢土佛學的，再說西藏佛學方面：

三、用漢文重編一部西藏佛學歷史（嚴格的說，應該和佛教歷史有好些區別），闡明各種學說的源流和現況，最好更參照嘉木樣的西藏佛教史表（bstan-rtsis），編一個學術年表，作為附錄。

四、盡量採取東西洋學界已有的資料，編譯一部西藏大藏經的勘同目錄。在這裡要注意到的，是西藏所有的經錄或學史關於各譯家年代的先後，照例沒有詳細明確的資料記載。如勝巴堪布所著的如意寶樹史（dpag-bsam bjon-bzan）總結了各種經錄記載，列舉印度法師來藏為譯主的九十二人，西藏的度語（即翻譯）一百七十一人，也只粗分為前傳期和後傳期的兩大段落而已（見該書印度校印本四〇八—四一〇頁）。現在另編新錄，就得用西元或藏歷分世紀地計算，將各家年代大體標明出來，令人一覽而知其先後關係。

有了這些準備，才可以來談漢藏雙方佛學界的互相了解。這還要有步驟地選擇學說上各種根本典籍，分列譯了出來，以為依據，就自然會涉及漢藏佛典翻譯問題了。說起這樣的翻譯來，過去雙方是早已做過一些工作的。藏地的翻譯漢經，可以遠推到佛學前傳時期。現存那一時期的經錄即登噶爾瑪錄（Idan-dkar-ma dkar-chag）裡，就舉出從漢文重譯的大乘經二十四部、大乘論八部。這都還是些比較重要的書（如經部的《大般涅槃經》、《入楞伽經》、《金光明經》等，論部的窺基《法華玄贊》、圓測《解深密疏》等），並且大部分保存到現在，可算是有相當規模的。至於漢譯藏籍，除了元代以來有幾種零星譯本收入《大藏經》而外，我們從現存的增加漢蒙譯語的翻譯名義大集bye-brag-tn rtogs che底稿以及《大乘要道密集》所載的殘篇斷簡，還可以想像到明清兩代曾有過一系列的西藏密典翻譯，而後來都散失不全了。但這樣翻譯極其廣泛，目前用不著。我們要是為了明瞭漢藏兩方的佛學而來談翻譯，就應該聯繫到實際情況，譯出雙方學說所宗的各籍，使人一下能得其樞紐。現在姑且舉顯教的學說而言。這在西藏正宗宗喀巴學系裡，一向是以五科的組織在做著有系統的學習的，我們就該先將各科本典一一翻譯出來。這裡面除去俱舍科的《俱舍論頌》和《釋論》已有玄奘的譯本暫可應用而外，其餘還有：

一、因明科，法稱的《集量評釋論》（Chos-kyi grags-pahi tshad-ma rnam-hgrel）和天王慧的注疏lha-dbang blohi tshad-ma rnam-hgrel-gyi hgrel-pa，這是包括論本第一品的法稱自注在內

的）。

二、般若科，彌勒的《現觀莊嚴論》（byams-pa mngon-pohi mngon-par rtogs-pahi rgyan）和師子賢的注疏Senge bzang-pohi mngon-par rtogs-pahi rgyan-gyi hgrel-pa don-gsal。

三、中觀科，月稱的《入中論》（Zla-ba grags-pahi dbu-ma-la hjug-pa）和他自己的注解。

四、戒律科，德光的《律經》（yon-tan-gyi hod-kyi hdul-bahi mdo）和他的自注。

這些都是要翻譯的，但體裁上必須擺脫從前那樣古典式的束縛，而力求其淺顯通俗，並還要現代化，運用多所參考隨文附註的辦法來幫助理解。因此，第二、三科的本典「現觀論」等儘管已有法尊法師的譯本，仍然可以再翻一道。

其次，漢土佛學的現狀既零落，又散漫，談不上什麼修學的一定規模，這只可以對照著藏學的分科，舉出些本典來：

一、因明科，陳那的《因明正理門論》（漢地的因明學本屬以理門為大論，而極端加以重視。西藏學者為著徹底研究《集量論》，也曾向漢籍裡多方搜求它，不知怎樣的搞錯了，竟將天王〔編按：即「商羯羅主」〕的「入正理論」翻了過去充數，從此便在西藏訛傳了七八百年。現在譯出真的理門，連帶地改正這一大錯，當然是很有意義的）。

二、般若科，世親的《能斷金剛經論釋》和護法等的《成唯識論》（漢地晚世的般若研究集中在《金剛經》，而舊傳的彌勒般若學也只有《能斷金剛經論頌》一書。西藏奈塘新版的甘珠爾裡面曾搜羅到它的譯本編入補遺，但無釋論，依然不得其解。今譯恰恰彌補了這一欠缺。

至於彌勒學的發展，以唯識理論為歸宿，漢藏兩方都有這種見解。所以，西藏的般若科研究會旁及安慧的《唯識三十論疏》，其在漢土與此相當的就只有護法等的《成唯識論》了。並且從此一書裡就能了解漢土所謂「相宗」的重要主張，可謂便利無比）。

三、中觀科，青目的《中論》（釋）這是中觀學初期的傑作，而為漢土的三論宗所推崇的。它大部分所依據的《無畏論》，舊傳也認為龍樹自己的著作。宗喀巴系學者雖不贊同此說，但從青目的書裡使很可看得出《無畏論》是種古注帶著「母論」的性質的，這足以供西藏學者的重要參考。漢土所謂「性宗」的理論根據，不用說也都能從這部書得著了瞭解。

四、戒律科，《四分律》（漢土的律學和西藏的系統不同，這在它所依據的廣律上表現得最具體又最清楚，所以應該先譯）。

五、《俱舍論》，眾賢的「順正理論」（答覆正理師的嚴格批評，原本也是俱舍學的主題之一，但漢土學者特別地重視它。所以對於順正理論有獨到的研究。西藏譯籍裡只有順正理的節本顯宗論，並還翻譯得不精確，像已經眾賢訂正了的俱舍頌文，都不知道照改，可謂在原則上已犯了錯誤。至於順正理論裡詳敘學說異同之處，顯宗論一概從刪，就更無法去辨別是非了。因此，西藏學俱舍學研究到這些地方，不免時常有錯。像在根品裡辯羅漢留壽行是否異熟一段，就是將經主之判誤認為妙音的主張；到得解所依為意能依為識處，又將有部說錯作經部。假使能參照到順正理的原文，絕不至於如此。現今藏譯正理，對於研究俱舍一定大有幫助，可不待言。至於大毗婆沙論也算是俱舍學的重要參考書，法尊法師已有譯稿，今不再說）。

翻譯這些書，應該參照各大家——像普光、窺基、吉藏、道宣、元瑜等——的注疏，徹底了解了文義之後，再來從事，庶幾可以做到譯文明白曉暢的地步。西藏從前重翻宋譯《楞伽經》，就曾先研究了圓暉的注解，經錄裡特為標明（見奈塘新版甘珠爾目錄），這是值得效法的。

有了以上十幾種書的藏漢譯本，兩地佛學者用來做顯教學說部門初步的互相了解的基本資料，我想也儘夠了。由這一個開端，隨後再看實際情形，計劃更進一步的溝通，應該是不會太難的。不過，在這些翻譯的同時，對印度的佛學源流的一方面，我們也要努力使兩地的佛學者能有一致或者極相近的認識。在西藏，關於這一學說源流的好些傳說實在是太混亂了，甚至使卓越的史家要來做整理工夫，也不免治絲愈棼之感（見多羅那陀的《印度佛法源流》〔taran atthahi rgya-gar chos hbyung〕導言）。但到現在，該可以說「有辦法了」。我們可參用漢藏兩方所有較古、較信的資料，以批判的方法來搞清一些糾紛，而做出一部近於真相的印度佛學史，以求漢藏學者之共信。這中間會牽涉到雙方對於師承傳授、人世後先等等不同的意見，也無妨暫捐成見作個平心靜氣的商量。剋實說，漢土好些有關佛學的零星傳說，史達出自羅什、真諦、玄奘、義淨等大家的，以他們時代的在先，見聞的真切，乃至授受之有淵源，都應該特加重視而分別予以信任。加之漢文的《大藏經》內容豐富，蘊藏著各個時代，各個派別的代表作品，用來做說明學說流變的真憑實據，其價值也是無可比擬的。所以，只要真的是求個是非辨別，那麼，在有這些優越的條件下，即使意見分歧，絕不致沒有途徑及終歸於統一。這只看我們的努力吧！如果我們的工作做得好，真能使漢藏學者對於佛學源流得到共同的認識，由此作進一步的溝通，自必會更名符其實地發揮它的效力的。

我對於漢藏佛學初步溝通的意見，大略如上，自覺是不夠完全正確的，因此，誠懇地期待著漢藏佛學家的指教！

《現代佛學》一九五三年八月

雜論

談「學」與「人之自覺」

昨聞陳君所談，佛說儒說同一源頭，皆從人的腔子裡出發，甚是。惟此言尚覺未盡，今更補充之曰：「我，人也！」必有如是之自覺始得謂之人，不然則禽獸耳。必從此立說始得謂之學，不然則戲論耳。佛說儒說同一源頭者，實在於此。（儒說以「人」為中心，可不待言，佛法以人身而說，佛教於人道中施設，又以具足「丈夫相」而成佛，則「人」亦佛說之中心對象也）。宇宙間學說堪稱為學而無愧者，其標準亦在於此。蛛之結網，蜂之營窠，其技之工，數大藝術家無以過之。然亙千萬年而不變。此本能之生活，適應環境則爾也。人類之生，日新月異，導之向上，可無止境。此超乎本能之生活，創新環境則爾也。人類之思想論議若不從人之自覺出發，必限於開展本能順應環境，僅足以圖存，而無益於人生之向上，故不得謂之學。學由於人之自覺，由自覺進而認識人之所以為人即所謂人性者，又有深淺之不同，因之表現於學說者，究竟與不究竟各別。其在儒家，孔之後自以孟荀為兩大派，皆知於心以求人性。但孟之所認識者為「心性」，故曰：「今人乍見孺子將入於井，皆有怵惕惻隱之『心』，非所以納交于孺子之父母也，非所以要譽於鄉黨朋友也，非惡其聲而然也。由是觀之，無惻隱之『心』非人也。」此於通過好惡情欲之處洞見人性之為「心」。荀之所認識者無「情性」，故曰：「今人之性生而有好利焉，順是故爭奪生而辭讓亡焉；生而有疾惡焉，順是故殘賊生而忠信亡焉；生而有好聲色焉，順是故淫亂生而禮義文理亡焉。然則從人之性順人之情，必出於爭奪，合於犯分亂禮而歸於暴，……」此完全就紛亂之情欲以言人性，所見者淺，遂不得不歸結於「人之性惡，其善者偽也」。剋實而談，兩家雖同宗孔，其真能發揚光大孔門「仁，人心也」之宗旨者乃孟說而非荀說。後世儒學有意無意間皆以荀說為宗，今欲加以簡別，揭示孔子之真宗旨，應改稱孔學而不稱儒學。

於此宜附帶論及者，老莊從否定人性之觀點以立說，遺毒數千年，實不配稱之為學。老氏主張復歸自然之常道，究其動機，實出於本能自利之一念。故其言曰：「既以為人，己愈有，既以與人己愈多。天之道利而不害，聖人之道為而不爭。」「聖人後其身而身先，外其身而身存。非以其無私耶，故能成其私。」其所以待人者，乃在虛心實腹，弱智強骨，使民無知無欲，使夫智者不敢為。人而如此，其有異於禽獸者，僅衣冠耳。迨夫莊氏，自利本能之發展益甚，不惜以人齊物，委身造化，並人之實亦取消之。故其言曰：「有人之形，無人之情……吾所謂無情者，言人之不以好惡內傷其身，當因自然而不益生也。」又曰：「夫大塊載我以形，勞我以生，佚我以老，息我以死，故善吾生者，乃所以善吾死也。」存亡之義一，人物之界消，莊周夢為蝴蝶，不知周之為蝴蝶歟，蝴蝶之為周歟，於是終歸於「物化」。老莊之說不足稱學，只是方術而已，莊子天下篇亦自承之。孟曰：「天下之言性也，則故而已矣，故者以利為本。」荀曰：「莊子蔽於天而不知人。」可謂洞見此派之病根。方今世風頹弊，逐利之習，達於極端，乃猶有視老莊之說為有益人生，而與以提倡者，甘毒藥如醍醐，誠倒惑之至也。

再談孟學，其高荀一著，固無可疑，但以與佛法比，則遠不如佛法之深透，之究竟。孟言人心之四端，誠是也，然見諸實踐者，則曰：「大人者不失其赤子之心者也。」「孩提之童無不知愛其親也，及其長也，無不知敬其兄也。」愛親為仁之實，敬兄為義之實。由仁施義，遂謂「君子之於物也，愛之而弗仁，於民也仁之而勿親，親親而仁民，仁民而愛物」，愛有差等視若本然（此即義內之說）。故其學為人而發，亦僅限於人道而上。佛法則曰：「若有發趣菩薩乘者，當生如是『心』，所有一切眾生之類，若卵生胎生濕生化生，若有色無色有想無想非有想非無想，盡諸世界所有眾生，如是一切我皆令入無餘涅槃而滅度之，雖令如是無量眾生證圓寂已，而無一眾生入圓寂者」。非但人也，凡是眾生無不同具此「心」，即無有不平等，通眾生為一體，此心之不安，即眾生之疾痛處，此心之所安，即眾生之安樂處，佛心以圓寂為安，故大乘發心，一切眾生皆令圓寂。此所謂大心人也。大心人不同入市交易，亦行其心之所不忍不行而已（此即悲心發動處）。源之遠者其流長，根之深者其葉茂，此心所發，殆有雷霆萬鈞之力，六道四生無不貫徹，非但一「人道」足以限之，此則佛法之所以為大也。

但佛法有大小乘，其本源在認識「本寂之心性」相同，而其認識亦深淺各異。小乘所見於本寂之心性者，止可以得解脫（此即本寂之共相，遠離煩惑，僅有消極的意義），其果僅得解脫身。大乘所見於本寂之心性者，不僅解脫也，且即是如來之所自出，故謂之如來藏（此即本寂之自相，能生功德，具備積極的意義），其果乃得法身。佛法以成佛為究竟，故堪稱真正佛法者，在大乘而非小乘。大乘由本寂心性以見如來藏，實為佛法最極根本，人生得以擺脫「無常故苦，苦故無我」之必然業運，而躍進「常樂我淨」之佛境者，實以此為關鍵。「涅槃」云：「我者即是如來藏義，一切眾生悉有佛性即是我義。」《莊嚴經論》稱之為「大我相」，「大我者一切眾生為自作故」。是則認識及於如來藏，正由吾人之自覺而來。惟佛法之說我，有從認識中之實體而言，有從價值之感受而言，前者為佛法之所破，後者乃佛法之所依。毫釐之差千里之謬，不可不辨。經論中多有「即蘊無我」、「離蘊無我」、「蘊非我相」之分別，涅槃更舉實例，凡夫愚人所計我者，或言如大拇指，或如芥子，或如微塵。凡此之我，皆就認識中的實體而言，無毫末實在，佛法即以是義而說「諸法無我」，價值之感受，從自在義而說我，發於人心之最深處，實為真學問之源泉。由是佛法之教人，不以一己之現實為足。必勇猛精進備具功德，求充己之量而為聖為佛。又不以眾生之現實為足。必盡世界所有眾生，我皆令入無餘涅槃而滅度之。此是可等究竟痛徹。宇宙間有學，則佛學而已。有真正人生，則佛法人生而已。然此出於人之自覺，不可不知也。彼一往拘泥小乘之義而懼說我者，視眾生有如水面浮萍，隨風漂蕩，六度萬行無邊事業，復伊誰擔負之哉。

如上所談，學問之源頭既明，佛孔異同之故，由是求之，庶幾能得其實矣。

講於三十三年十一月二十五日院友會座談　王冠勛記

《文教叢刊》第一卷第一期一九四五年

內學院研究工作的總結和計畫

一

本院的創設，是要由學術方面去研究和發揚佛法文化的，當時提出了這樣的目標至少做到真實之學和「為人」之學。（見《內學》年刊第一輯所載〈法相大學部開學講詞〉）因為我國傳播的佛學乃經翻譯而來，文字上，理解上，種種隔閡，一向是多少走失了原樣，必需先把研究資料徹底整理得其真實，才會見到佛學的本來面目。其次，大乘佛學的實踐本係積極地利益世間，但傳來我國卻走上超然自了的途徑，要矯正它，必得重行發揮大乘為人的精神。我們的工作，就是朝著這樣目標前進的。

我們對於佛學研究資料的整理，是從玄奘一系的譯述開始。玄奘的譯本最精確，又最進步，但文義艱深，不借助於當時注疏，仍是難於理解的。這些著作久已失傳，直到日本人編印《續藏經》，大量搜求，方重與世人見面。不過所用底本錯落太多了，注解又和本文分別刊行，並且收在整部的藏經裡不易購致。我們為了彌補這些缺憾起見，依著玄奘所譯的諸大部，分別取材，詳校刊版，以便應用。

（一）瑜伽

這是玄奘為著它冒萬險去印度所求得的一部大論。我們把當時玄奘門下兩大派的代表注解——基師的《略纂》和道倫的《論記》校刻成書，一共一百三十四卷。（後來在《金藏》裡發現《論記》的覆宋本，我們又據以改訂刻版一次。）

（二）唯識

這又是玄奘傳來的絕學，經過了基師的天才組織，可算佛學在我國發展得很有異采的一面，因此基師所著的《成唯識論述記》也成了一派正宗之說。我們為要徹底了解它的奧蘊，將基師自作的「演祕」，靈泰的「疏抄」，道邑的「義蘊」，如理的「義演」，分別編在「述記」本文下面，校訂刻板，又將當時和基師對峙的另一大家圓測的《論疏》佚文，由各書的引用裡搜剔出來，編成整部。還有羽翼基測兩家互相批評之作，像慧沼的《了義燈》和太賢的《學記》，也一一校刻了。有這些書，更足以窺見唐人唯識學說的全貌。刻成的版本，總共二百六十卷。

（三）俱舍

這是總結小乘佛學的一部聰明著作，玄奘譯本更詳細訂正了以前俱舍宗所傳的誤解。我們選擇了當時認為正統的普光「論記」，會文刻板，整整有一百卷。

同時，我們又校刻了玄奘的傳記——《慈恩傳》和他遊歷印度的行跡圖，還有其他必需參考的典籍，共得四百餘卷。這樣前後七年，整理並刊刻了近一千卷的研究資料。在這中間，我們更應用梵藏文佛典的比較研究，對於學說源流方面，得了一些重要的收穫。

（一）在玄奘所譯《瑜伽論》最後二十卷裡，發現了引用全部《雜阿含經本母》——這是連玄奘本人也未嘗知道的。因此明白了瑜伽一系學說的真正來源，並連帶訂正了翻譯以後便弄紊亂的《雜阿含經》四十卷的次第。（詳見《內學》年刊第一期所載〈雜阿含經刊定記〉）。

（二）《瑜伽論》裡又引用《小品寶積經》的舊註，我們也發現了它和經文配合的線索，刻成《寶積經瑜伽釋》一書。從此看出大乘學說前後的聯繫，又訂正了舊譯《寶積經論》的錯誤。（俄人剛和泰費了半生歲月校印了藏文本《寶積經論》，卻不明白它和《瑜伽論》的關係，以致連章句都無法分清。）

（三）認清了梵藏本唯識論書的文義自成一系，跟玄奘所傳的迥然不同，因而確定了唯識古今學說分歧之所在，（詳見《內學》第三輯所載〈安慧三十唯識釋抄〉緒言）並推見唯識今學護法說的真相，（見藏要本《寶生論》篇首〈護法說標目〉）從此唯識學前後變遷之跡便一目了然。

（四）尋出《俱舍論》組織上與南北兩方各種「毗曇論」的關係，判明了小乘毗曇學說的整個系統（見《阿毗曇心論講記》導言）。

二

我們根據這些整理資料的經驗，進一步應用於全體佛典，同時參考取材也擴大範圍，得著很多的便利。在一方面，國內各地陸續發展歷代大藏經的刻本，我們都參加了整理考訂（所得結論見於《宋刻蜀藏異本考》、《契丹大藏經考》、《金藏雕印考》、《宋元刻磧砂藏序》、《明南藏初刻考》）。因而認清藏經版本源流，確定了刻本文字上正否的標準。另一方面，我們又盡量搜羅得國外校印的梵藏文佛典和康藏各種刻板的《西藏大藏經》，比較研求，而見到漢文翻譯的短長，實有重加證明之必要。關於這一部分的研究，見《內學》第四輯所載〈論玄奘譯本之特徵〉、〈理門論證文〉等作）由此我們決定用新方法來選取全藏中要籍，校印一部叢書叫做《藏要》。

《藏要》編校的方法是：

（一）校勘文字一變從來重視高麗本的偏向，而以南宋思溪本為據。遇有疑誤之處，儘可能地求得原典根據，方加改正。

（二）譯文內錯落晦澀的地方，擇要用原典或異譯本來證文，加註。

（三）常用的典籍，都依義理起訖分清段落，以便研究，一掃支離破碎的科判舊習。

（四）書中重要義理，更用提要體裁作成序文，以助了解。

這樣編印的《藏要》，時歷十年，共成三輯，七十種書，四百餘卷。（此書印行後，有些被日本的佛教大學裡採作課本，又有些為印度國際大學用作研究資料。）所用參考的材料，數達三百種以上。

我們原想從此更進一步去徹底整理全藏，刻成比較可信的定本。但這工作太艱巨了，祇做到編定目錄的階段。原來歷代編纂大藏經都是依據經錄機械地堆集上去，內容既雜亂無章，又真偽不辨，現在要談整理，必須由經錄裡去尋個端緒。因此我們先校刻了最重要的《開元釋教錄》，將錄中經目和附屬部分詳細分開，又編成便於檢索的號碼，並且比勘各種舊錄，改正它的錯誤二百餘處。在《開元錄》以後所出的，《續開元錄》、《續貞元錄》等，均刻成新板。還有《金藏》裡新發現的宋代《祥符錄》、《景祐錄》等殘缺孤本，也都節略補正刻了出來。至於歷代經錄的最後一部《至元法寶勘同錄》更應用西藏的譯本和西藏經目，詳細校訂，刻成節本，我們從這些經錄訂正過的記載，去對照《大藏經》裡所收一千七百種典籍的各別內容，方才一一清楚它們的真實來源。這樣刪除了好些本非翻譯而無意混人或有意偽託的舊籍，然後依照義理的流類，相承的次第，編成一部具有系統的經目——《精刻大藏經目錄》。

我們對於佛學資料整理的工作，大概如此。

三

其次，關於佛學實踐的研究，我們則從指導的理論著手。佛學各部門的理論略有不同，先分別作了概觀，成為〈俱舍論序〉、〈般若經序〉、〈瑜伽論序〉、〈唯識決擇談〉、〈涅槃經序〉等專著，這些都是詳細剖析每一部門的中心思想，並縱論他對於各方面的關係，以得其實踐上的真意。最後再總結為一部佛學通論——《釋教》。

以上是佛學橫面的研究。同時我們匯萃了漢藏梵文所有的資料，並參酌時人已得的結論，對於佛學縱面的思想源流徹底地作了一番考訂，著有《佛傳與佛說》、《諸家戒本通論》、《佛學七宗源流十講》等。這樣刊定了印度各時代佛學的實際地位和它們理論的確詁，而建立起學說史的標準。再據以返觀我國所傳的各說，就很容易發現它們和印度原本的距離。其間更見出有相反的趨勢，像流傳很久的「起信論」、「楞嚴經」一類返本歸元的思想，都決定是國人錯解義理而偽託為佛家之言，我們曾毫不容情地予以破斥（見〈楞伽與起信〉、〈楞嚴百偽〉等論文）。又由此一貫錯誤的思想影響到禪宗方面，構成「本覺」異說，我們也都完全揭發它出來（見〈禪學考原〉）。還有西藏所傳顯密各宗學說之是非，我們也作了一番全般的批判（見〈西藏佛學原論〉、〈略論西藏佛學之傳承〉、〈藏密三書導言〉等），這都是為要做到真正佛學的實踐，而來掃除一切的障礙。

最後，我們發揮佛學為人的宗旨，採取「師、悲、教、戒」四個字，作為院中問學研究兩部分學人共同遵行的院訓。「師、悲」的意義，著重在對於人群社會責任感的啟發和保任，詳細見於〈釋師〉、〈釋悲〉兩者。至於「教、戒」的實踐，更具體地分做三個階段：由「自覺」——覺性人生實踐的發端，而「轉依」——人生變質的改革，而「逼界」——推及於全人類。我們在理論上融會了佛學五種分科根本典籍三十種的要義，構成體系。這全依著玄奘以後印度佛學的趨勢，辨證地統一了其前各期思想，而指出他開展的方向。（詳見《內學五科講習綱要》和各種講習筆記），近六七年來，我們繼繼在講習，雖未結束，但對於進一步工作，已算是有了相當的基礎。

四

現在來擬定今後工作的計畫。我們以為，人類真正的文化是一元的。隨著歷史的推移，舊有的學說思想契合於真理之處，在人類生活實踐當中，一定會被吸收融和，以豐富著永在開展的文化。就這一點上著眼，佛學對於我國新文化的建設應該有其重要的意義。而且佛學的主旨，本是不滿於不平等而痛苦的世間現狀，要求根本變質地改革它。這樣積極的精神雖時被曲解，卻始終未曾喪失，就又有其助長文化改進的功能。但這些，都必依據真實的佛學才談得到。我們多少年來，曾經努力廓清佛學思想上重重障蔽，並辨析了現存於我國本土上和西藏乃至印度錫蘭的各派學說的性質，以求窺見佛學的真相。有了這種準備，我們想，今後就應當去做下列的工作：

（一）用科學的歷史觀點，重行批判全體佛學並確定其一般價值之所在。

（二）注重民族性方面來闡明佛學過去對於我國文化的關係，由此尋出途徑，結合當今大眾所需求的，所了解的，以發揮佛學對文化建設應有的作用。

（三）同時，徹底掃除大眾間所有關於佛學的錯誤思想。

（四）與國內外進步的佛學研究相配合，以完成上述的任務。

《現代佛學》一九五〇年一月

正覺與出離

我們在這裡提出了「正學與出離」的一個題目來，是要分析、說明佛家對於人生趨向有怎樣的看法和主張。概括地講：在全人類的社會問題未得徹底解決之前，人生的需求會時常跟環境不合式而發生種種痛苦。一般人不能深刻地了解它的原因，只在表面求解決，結果是陷溺日深，痛苦亦絡繹不絕；其間即使偶然好轉，也不會長久。這樣下去，只是隨波逐流，一聽環境的安排。一個人如此，大多數人也如此；一時如此，乃至整個時代也如此。這種始終迴旋、起伏、不得著落的人生，佛家謂之「流轉」。（佛家對於流轉的解釋，有時比較寬泛，這裡只就人的本位而言。）要是人們真正找到了人生欠缺的原因，從根本上予以解決，這在形式上看來，對流轉的生活是取相反的趨勢，並還有破壞它、變革它的意義，所以謂之「還滅」。由此，佛家區別人生趨向為兩途：一是流轉的，不合理的，不應當的；一是還滅的，合理的，應當的。所有人生行事，都可用這種標準來分為兩個系列。它的名目有種種：「流轉」一系或名「有漏」，或名「有垢」等等；「還滅」一系或名「無漏」，或名「無垢」等等。從「有漏」等說，是染污的，不善的，繫屬於世間的（「世間」一詞在這裡用來，是取它「應可破壞」的意義的）；從和它相對的「無漏」等說，是清淨的，純潔的，出離世間的[1]。佛家對於人生趨向的看法，著重無漏，所以歸結於出世。但它所出離的並不是整個的現實世界，而只是屬於世間即所應破壞、變革的一切染污、不善成分，人生要走向這個趨向，有待於一種自覺，即所謂「發心」，明白了這趨向的合理、當為，有了覺悟之後，一切行為才可以歸向這一目的，成就這一目的。這就始終在覺悟的狀態中，最後到達最完善的地步——正覺[2]。如此佛家講人生趨向以正覺為究竟，而成就正覺的則在於出離，因而我們便構成「正覺與出離」一命題目來表示這樣的意義。

在佛家的學說裡，有兩個迥異的系統：一是「聲聞乘」（小乘），一是「菩薩乘」（大乘）。聲聞乘著重他們所依據的「佛的言教」，言教由聞而得，所以重教即是重聞。他們絕對相信佛教，視為神聖，不可改動一毫。另一系統菩薩乘則著重行為。菩薩本是成就正覺的準備階段，所以他們主張以菩薩行為行，而於佛說並不像聲聞乘那樣拘泥，卻帶有自由解釋的色彩。這兩個系統都由根本佛說開展出來，只是解釋的方式不同，因而影響到實踐的規範也不同。它們的流行雖有先後，聲聞乘學說且比較佔先，卻不是純由聲聞乘演變或發展而成菩薩乘。到後世來，聲聞、菩薩兩乘的人曾發生過激烈爭論，互相是非，但仍共同承認兩乘的原來並存[3]。

對於「正覺與出離」這一問題，聲聞乘的解釋不大正確，應該加以簡別。他們以為人生欠缺、痛苦的原因，即在人生的本質上。分析人生，因的方面是「業」、「惑」，果的方面即是

「苦」。要去掉苦果，應該斷業、滅惑，不使再生。但業是種種行為，惑是種種煩惱，業、惑之生起，在人事隨時隨地幾乎無法避免，要斷滅它們，很容易走向禁欲一途，企圖由隱遁的方式擺脫糾纏，而此種消極辦法又必然遠離社會而變成自私、自利。其結果雖不能說完全落空，但終非究竟解決。因為他們的出離世間竟是捨棄世間，本來要對人生有所改善，反而取消了人生[4]，所以說它是不徹底、不究竟的。在印度，佛家以外的學派也很多帶著這樣傾向，一般人受著熏陶，對於聲聞乘的說法就很容易予以接受，因而使它流行了很久。後來佛學傳到中國，儘管那時菩薩乘的勢力已極發展，主要的義學也都以菩薩乘為依據，但實際上仍離不掉聲聞乘的作風。這給予佛學的流行很不好的影響。向來中國佛學受到外來的批評、攻擊，即是集中在這方面的。所以，我們現在要明白佛學對人生趨向的真正看法和主張，必須先揀除了聲聞乘的說法。

菩薩乘的學說，從佛滅度後六百年（一世紀）開始抬頭，一直發展到佛滅度後一千三百年（八世紀），在這七百年裡，雖也有些曲折變化，但對照聲聞乘來看，精神上仍是前後一貫的。這可舉幾點說：第一，他們看人生問題，當就全面去解決，不像聲聞乘那樣但從自己或一小部分人出發。因此，他們也著重「業」，卻由自業推究到共業，以為即使業力不可轉，而由共業的相互增上，可以因勝掩劣，也可以增減、變化[5]，這樣人們對於未來的境遇，就能有切實的把握。其次，他們也注意折伏煩惱，但以為煩惱從對他的關係而生，人生不能避開所對的一切而獨存，就得由煩惱中發生作用，終至於轉化煩惱為無煩惱[6]。再次，對於苦，菩薩乘也一樣的厭棄，不過用全體的看法，由厭棄更進一層，產生了「悲心」。他們瞭解到自己感覺是苦而別人不覺，自己能解除痛苦而別人不能，即會有一種不忍的心情，以至有不容自己的感受，這就是悲心的開端[7]。又次，菩薩乘對於現實世界並不逃避，而要從各方面去理解它的實際，以求踐行的實在。因此，他們對佛所說純由「依義不依語」的路子，活用語言文字所構成的概念（想），契合實際而發生真正的智慧，這樣得著概念與實際的統一認識[8]。最後，菩薩乘的悲、智，都不是抽象的、廣泛的毫無區別，而是隨處和種姓思想聯繫著的。假使從社會的關係上看，這思想與階級制度是有交涉的。印度社會原有四種階級，佛家立說之始，便要打破這不平等的制度，而另外提出一種理想的種姓主張來。佛家以為真能破除階級的人生，一定要依靠佛說的那樣生活，構成那一類的群眾，才做得到[9]。所以佛徒並不限於某一種階級，而四姓（即階級）歸佛，如同四河入海，成為一味；他們都可稱沙門釋子，即是表示同屬於釋迦這一種姓的[10]。菩薩乘因有這些特點——也可以說是和原來佛說極相符合的精神，對於「正覺與出離」一問題，就能追究到深處。像「常」「樂」「我」「淨」這些人生的基本要求，聲聞乘不能得其著落，便一概予以否定，而走上消極以至於斷滅的道路。菩薩乘則不然，硬要找到人生真正的「常樂我淨」，並從那上面見出由染趨淨的向上發展，而為人生另開闢一條新途徑出來[11]。

菩薩乘裡的重要學說，起初有龍樹——提婆一系。他們依據「般若」、「寶積」等經典，由「法性本寂」（這是從諸法實相不為煩惑所囂動變化而言，也可謂之「法性本淨」）的看法立言，以為人們對於一切事物現象，如沒有真正智慧，就不會得其實在，由此發生顛倒分別、「無益戲論」（執著），而招致人生的無窮痛苦。但這種迷執可以從根本上解除，最重要的是體會一切事物現象實際和那些執著無干，並不像「分別戲論」那一回事，也就是沒有「分別戲論」所構畫的那樣實體，這謂之「無自性」，謂之「空」。在形式上，這無異把「分別戲論」給予現象的染污去掉了，而見著它原來的寂靜面目，所以謂之「法性本寂」[12]。他們用這樣的看法解釋一切，到了「正覺與出離」這一問題上，也把世間和出世（涅槃）統一起來，以為不是離開世間而有出世，卻是得著世間的實際，依著世間實際而踐行，謂之出世[13]。這樣地看得世間和出世為一，我們曾經說它是「即世而出世」。

龍樹學系說世間的實際即是涅槃，所以按照實際而行就和道理相應，成為瑜伽行。但從人生全體來看，這種踐行雖趨向涅槃，卻是不住著於世間，也不住於涅槃的。全體人生有一部分未曾清淨，就不算圓滿，自然不容住著；同時，它既趨向涅槃，和世間流轉相反，也是無由住著的[14]。在這中間，會有逐漸轉變，逐漸將世間染污改向清淨，即是由駁雜而純粹，由部分而分體等等意義。只是這些都還含蓄著未能發揮出來，後來到了無著——世親一學系，方纔特加闡揚，而另創一格。無著、世親並還運用了《阿毗達磨經》和《瑜伽師地論》的教典，這些都是「本母」「對法」體裁，並且用批判的態度來解釋佛說的。依據於此，他們便提出了好些新範疇來，像「瑜伽師地」的位次、「無住涅槃」的行、「轉依」的果等等。其中尤以「轉依」一個範疇，用作「解脫」的作替語[15]，更能顯出解脫的積極意義。由此，他們對於「正覺與出離」一問題的解答是採取「轉世而出世」的說法的。但是，宇宙人生的範圍極大，要說「轉依」，又從何處下手？無著學系特別重視「認識論」，以為宇宙人生在踐行中都是所知的並且是應知的對象，而藉以證知的方便則為種種名想——概念。一切名想須經過長久的時間，應用於無數次的經驗中，才會成功「世間極成」，即同一社會中人們的共同理解。這些不但是言傳的，並還是意會的；也就是不但表現於語言文字之上，並還存在於心思分別之中，所以在不解語的嬰兒啞子一樣有名想的認識。這樣推究到一切名想慣習究竟依存之處，他們便提出一種與生俱來而且相續不斷的意識狀態即「藏識」，稱之為「所知依」。說轉依，就在這上面著眼。這要由於人們認識的轉變，影響到行為，改革了客觀環境，而形成種種向上的、清淨的名想慣習，在所知依的藏識裡逐漸替代了陳腐的、染污的名想慣習。如此不絕地轉換，到了整個的認識、行為、環境都變化了，也就是染盡而淨滿了，那纔是轉依的歸宿。這樣的轉依，原是結合著內外、自他而成，在所知方面並不單限於物象，他人也概括在內的[16]。另外，轉依的學說與種姓思想也有密切關係。無著學系建立五種姓，以三乘差別為骨幹。在聲聞乘，向來有一種僻見，硬想排斥菩薩乘於佛家之外，所以時唱「大乘非佛說」的論調。菩薩乘卻不然，他們取兼收並蓄的辦法，以為三乘雖有優劣，但同出於佛說，本可用大涵小的（這種主張最具體地表現於《瑜伽論》十七地的組織）。由此推究建立種姓的用意，應該是側重於後天的修養，即所謂「新熏」，要由以爭取「不定姓」人們的從小入大，並非將一切種姓都看成固定不變的。在這上面並還有它社會的意義。菩薩乘流行的開頭，便已打破了沙門出家生活的限制，面有種種職業者為其成員，這樣組織了一類社會關係。從另一方面看，也可說他們是對於人生改革最負責任感的一類人。無著學系後來發展到極端，不免帶了唯心的偏向，於是內部分化，一部分學者像陳那、法稱等，擺脫了藏識的說法，要另從世間共認的意識現象上來解決認識的問題[17]。但是「轉世而出世」的主張未變，這是可以看成佛學上最後又最要的主張的。

從上面的敘述看來，佛家所提出的人生趨向問題，可說是全面的而且是接觸到人生本質的。人們生活在社會裡，應該最好的為自己、為他人而生，這就須明白人生的意義，並能自己掌握著未來的命運。但這在一般人很不易做到，而他們所得的只是種種糾紛、痛苦而已。癥結究何所在？又應該怎樣解決？這些問題，不拘時代，不拘地點，凡對人生有高度覺悟的人，隨在都能提了出來並想到解決辦法的。要是解決得合理，就會得著多數人的擁護、支持而暢行久遠。這因為時節因緣，他們表現得不一律，當然也不能強求其同的。在佛家，最初提出來解決人生趨向的方式，當時也可算是很適宜的。後來它發展了而有種種分歧、轉變，甚至於歪曲走樣，但從它的本質上說，重要而有進步意義的部分一向都是保留著的。因此，我們對於這一點，要好好地把它從各樣誤解裡區別出來。例如，有些人這樣說：佛家所提到的人生問題只是一種生死問題，著重在人們死後的解決，對於現實生活反而忽略了。此說實在是被惑於佛家後來夾雜了宗教成分（即相信靈魂不滅，要求來世的慰藉等等）之談，並不正確。實際上，佛家根本反對靈魂變相的「我」，而對於當時婆羅門、沙門等的遺棄現實、寄託未來也是破斥不遺餘力的[18]。又有些人說：佛家對人生問題的解答是否定人生價值的；人有生即有苦，要免苦除非不生，他們不是信奉「諸行無常，是生滅法，以生滅故，彼寂為樂」這一個頌，以為金科玉律的麼？這種說法只理會到聲聞乘的見解，仍舊是不正確的。聲聞乘拘牽於文句，以為無常和苦連帶著，要消滅一切無常的有為法才達到涅槃的樂境，殊不知佛說那一個頌文，原意只離開生滅法中和能生種種惑業的「欲取」相聯繫的「諸行」，並非一切行；即從那一類生滅法的寂靜來構成涅槃境界，也並非舉一切生滅現象皆空之[19]。由此佛家的解決人生問題不能看作否定人生，而是改革人生的。另外還有些人說：菩薩乘對於世間，表面上好像肯定它，但實際不外擴大追求解脫的範圍，不為一己而為一切人類。所以最後仍舊歸到否定上去的。這種看法，是認菩薩乘所說人生歸宿的涅槃和聲聞乘完全相同，卻不知菩薩乘中涅槃的意義一開頭便改變了。最顯著之點，即在舉出涅槃的成分為三德——般若、法身和解脫。他們為著涅槃所作的，所行的，不只是解除一切苦惱，並還要累積一切功德，這樣來構成法身境界。這要打通了自他的界限而就整個的人類社會來說，功德的積集正是為著人類長期間的打算，最後化除私我為大我，乃構成涅槃的法身。也就由於這樣的因緣，它會具足常樂我淨的特徵，符合於人生基本的要求[20]。這豈是聲聞乘拘拘於一己利害的所能理會，所能解說？又豈是究竟歸於人生的否定？總之，我們要瞭解佛家如何解決人生歸趨的問題，必須撇開以上各種不正確的說法，才能得著它的真意。還可以附帶說幾句：佛家在這一方面牽涉到入世、出世的問題，依著菩薩乘的踐行，是要投身於世間、滲透於世間，而求世間本質的變革，並無脫離世間生活的說法；前面所提到的「轉世而出世」，正是這個意思。

一九五三年十一月二十八日改寫稿

《現代佛學》一九五三年十二月

1 秦代失譯：「大賽積經晉明會」，修習正觀段。

2 唐譯：《瑜伽師地論》卷二十五、〈菩薩地誠心品〉，五相段。

3 唐譯：《大乘莊嚴經論》卷一、〈成宗品〉。

4 唐譯：《俱舍論》卷六、〈分別根品〉，釋有無為因果段。

5 唐譯：《雜集論》卷七、釋共不共業段。

6 隋譯：《菩薩資辯論》卷四、釋「菩薩煩惱性」頌文段。

7 唐譯：《瑜伽師地論》卷四十四、〈菩薩地供養親近無量品〉，修悲無量段。

8 上論卷三十六、〈菩薩地真實義品〉，釋無二段。

9 《大乘莊嚴經論》卷一、〈種姓品〉。

10 晉譯：《增壹阿含經》卷二十一、《四河經》。

11 劉宋譯：《勝靈經》，說顛倒真實章。

12 秦譯：《中論》卷三、〈觀法品〉，第五頌至第七頌。

13 秦譯：《大智度論》卷二十七、釋道種慧段：又《中論》卷四、〈觀涅槃品〉第十九、二十頌。

14 《菩薩資辯論》卷四、釋「極膩於流轉」第二頌段。

15 唐譯：《攝大乘論》卷三、「彼果斷分」，引《阿毗達摩經》頌文。

16 《攝大乘論》卷一、「所知依分」，釋出世清淨不成段。

17 唐譯：《觀所緣論》。

18 唐譯：《顯揚聖教論》卷九、〈攝淨義品〉釋異論多種段。

19 《瑜伽師地論》卷十八、「思所咸地」釋「諸行無常」頌文段。

20 涼譯：《大般涅槃經》卷四、〈如來性品〉之一。

緣起與實相

佛家的實踐，是以他們所理解到的宇宙人生實相為依據的。關於實相的理論，在佛家始終與因果規律分不開來。他們自稱其說為「內明」，而用以區別其他學說的特點，就在於正確地說明因果，並配合著「已作不失，未作不得」的業報法則[1]。因此，佛家的「實相說」當和「緣起說」連在一起，主要從「緣起」的現象上見出真實的意義即實相；換句話說，這在「緣起」現象上作實相的判斷，側重「價值」的一方面，絕不同於單純的客觀解釋。

跟著學說的發展，佛家對於「緣起」的解釋逐漸變化，內容也逐漸充實。這些不同的說法一層層積累起來，便構成很完全的體系。現在舉主要的「緣起說」而言，凡有三種。最根本的也可說原始的即平常所謂「業感緣起說」，也叫做「分別愛非愛緣起」[2]。這將人的行為在道德方面有責任的善或者惡，看作人生種種轉變的根本原因；它的範圍比較狹益。進一層的「緣起說」了解到客觀環境對於人生趨向也有一些決定的力量，至少同主觀一樣的實在，一樣的可作為主因。如此看法也可說是「業感緣起說」的自然發展。「業感說」以盲目的行為作立說的起點，要是推論到如何才會免於盲目而得其正向，就會注意到認識方面。這裡所說認識還不是單指對於客觀的了解，它也聯繫著人生的需求，所以每種認識都多少帶實用的意義，而這方面的「緣起說」便成了「受用緣起」。更進一層的學說，範圍益寬，它不僅僅著眼在人生直接的受用上，並還看到人生轉變的關鍵有待於整個宇宙人生的了解，於是有「分明（一切法）自性緣起」。具備了這三種學說，就構成佛家緣起理論的整然體系。緣起的意義本來指著事物間因果的關係而言，著重在「緣」字；說「起」，不過表示緣的一種功用而已。譬如說「無明緣行」，就是緣起的一個具體事例。這裡並不用再加個起字，一樣地見得出緣起的意義，即是說行的生起乃由於有了無明的為緣。因此，現在更可以用平常所說的「因」、「等無間」、「所緣」、「增上」的四緣來看三種緣起的性質，它們是各有重點地闡明一面的。「分別自性緣起」闡明了「因緣」，「受用緣起」闡明了「等無間緣」和「所緣緣」，所餘「業感緣起」則解釋了「增上緣」。合攏來，四緣的意義再馭沒有餘蘊了[3]。不過要注意，說「業感緣起」雖側重在「增上緣」一方面，但並不是它對於「緣起」的意義就無關緊要，佛家對人生的看法，絕非命定，而是由人們自己作主的，這個轉變的關鍵即在依賴事物間互相增上來更改自性，否則只是一類因果，永久不會有變化了。

從三種緣起的現象上見到的實相，各有不同的意義。「業感緣起」的實際內容是各種生存事實（這就是「有」）的各別部分（這就是「支」），而這些部分對於全體可以有各方面的價值。從實相上說，歸結到「苦」、「集」、「滅」、「道」四種真實，也就是「四諦」。其次，在「受用緣起」上看得出認識的顛倒和正確，或者是相對和絕對，這樣就有俗和真的兩種真實，也叫作「二諦」。最後，「自性緣起」的認識有欠缺，有完全，因而區別出「遍計」、「依他」、「圓成」三自性，成為三種真實也可叫作「三諦」。在這些真實中間仍舊有相通的地方，這就是它們都用人生的究竟一個目標來作判斷。像四諦歸宿於「滅」，得著完全的清淨；二諦歸宿於「勝義」，認識絕對的真；三諦歸宿於「成實」，達到盡量的圓滿；這些無一不是人生的究竟處，也就從這上面看，合攏它們才是一個全體的實相。

現在對於三種緣起和實相，再來略加引申、解釋。第一種「業感緣起」是就當前的人生現象，依著邏輯的次序分析為十二部分（從「無明」到「老死」）來立說的。這十二部分也稱作「十二有支」，它們的相互間是以「緣起」的關係，構成一系列的因果。以緣起說因果，可看作佛家解釋因果規律的一個特點。在當時印度的思想界最主要的因果說，或者主張從一種總的原因展轉變化成為複雜的萬象，這叫作「轉識說」；又或者主張從多數的原因——也就是多數的分子以各樣型式結構成複雜的萬象，這叫作「積聚說」[4]。這學說都是不正確的。佛家特別提出「緣起」這一種解釋來，以為各種現象都是由於互相依待、互生作用才得存在；由於推論，要變革一切現象，也必須從作依待的，起作用的各別條件上著手，除此更無別法。如此的因果規律，可以用一定的格式表示出來，即「此有故彼有，此生故彼生」，或者更正確些說「彼有故此有，彼生故此生」。彼是此的緣，此依彼而起，這樣說來更覺相順[5]。「十二有支」依著緣起規律構成的人生，由於它所存在的環境不同，有些比較可以留戀、愛著，有些又比較可厭、應該遠離，分別出這樣可愛不可愛，所以稱作「分別愛非愛緣起」（原來這一緣起的解釋範圍較寬，這樣只就人生而言）。再進一層推到它的基本原因在行為所引生的習慣力（業力）有善惡的不同，從這上面區別佛家的他種緣起說，便稱為「業感緣起」。

上文說「十二有支」是依著邏輯的次序而作分析，它的意義是這樣的：佛家解釋人生現象，最先著眼於比較成熟的階段，在那裡人生現象的起滅無常乃至終歸衰滅極為顯然，而人生的「苦」的感覺也最容易由此發生。從一方面看，這雖然不是佛家提出人生問題的唯一依據，卻不失為重要的依據。在釋迦佛的傳記裡，說他因遊見著老死的人生現象才引起去做沙門的念頭，而他快成道的時間也是由「逆觀有支」（從老死逐步觀向無明）而入[6]，這都可以作為證明。現在問：「老死」是依著什麼現象而有的呢？不用說是因為「生」存；只要生存著，人生就刻刻的、念念的有老有死，新陳代謝，剎那不停，終歸於病、死。這還說得抽象一點，要是聯繫著環境來看人的生存，就有一定範圍，並限制了它的性質，佛家通常用「欲界」——對待「色界」「無色界」的一種區分——來作形容，在有限區域裡的生存，就是「有」的一支。這固定的現象乃由於心理方面的執著，所以有「取」的一支。為何要取？因為渴愛的不能自己，於是有「愛」的一支。人生的現象分析到此，也自成為一個片段，佛家對於有支有作「二世一重因果」看法的，即用這五支為「後際」[7]。但是，人生意義僅僅這些還是不夠完全了解的。因為它沒有說有真正原動力的所在，所以要再往上推求。「愛」的發生，出於心境相接的感受，由此有「受」的一支。「受」又以內外界接觸構成的心象為據，這就發見了「觸」的一支。觸出於感覺，必須用五宮作門徑，所以有「六入」這一支。「六入」又要依著人的個體，這剋實是由五蘊所組成，便推到「名色」一支。人的個體必由人格的意識得著永續、統一，所以特別提出了「識」支。「識」的開展又跟著種種行為而來，自然有了「行」的一支。在人們還未能徹底認識實相的時候，一切行為都難免於盲目，所以最後歸結於「無明」支。以上七支也自成一片段，對有支作「二世因果分別」的就稱這些為「前際」。剋實說，十二有支是應該具備一時而有的意義，這樣才見出它邏輯的次序，而更深刻了解到人生實相。所謂二世或者三世因果的說法，都是後來聯繫輪迴而別為之解的[8]。

從十二有支上所見的人生，是以盲目的無明作嚮導，加以無厭的愛取相推動，這麼樣來開展著的。有欲望而不得其正向，當然不會滿足，而因為欲望的程度愈深，失望也就愈大，如此構成痛苦的根源。跟著來的人生現象在整個生存中間，自然都帶著苦的意味。生死，不容說是痛苦的生死，即在生死以外的各支，與生死相關的，也一樣是苦。這就是在人生現象上所見到的實相的一方面——「苦」的一面。要是著眼於人生原來是動的現象而推求它的動因，說明苦何以會連續不斷，這就不是無明、愛、取所能解釋，必須另外提出「行」的一支來。由於「行」的反復，積習成性，隱然有種力量支配了行為，偏向到底不能遽改，所以苦的現象連綿不斷。從這上面，又得著人生實相另一種意義，所謂「集」的真實，即「集諦」。

對於行同人生的關係，或者說身口意的行為在人生上有如何的道德意義，這是印度哲學裡面很早就被注意到的一個問題。還在釋迦佛未出世的百年以前，婆羅門學者依著《奧義書》的思想來推衍立說的，如大家「祭言」，便應用了「業」這一個概念，組織了獨到的理論。他以為宇宙人生一切現象的開展都有不得不然之勢，這出於本能的或者自覺的「欲望」；引導欲望趨向所對的是「意向」；由此發生具體的行為是「業」。業得了結果以後，還有餘勢可以影響到後來的欲望，推進人們的行動綿延不絕，成為「先行力」。從欲望到此，方纔完成一個過程，可以統統叫作「業」（廣義的），不過以中間的第三種作主體。業力一日存在，宇宙人生的現象也就一日相續不斷，但是業力有好、壞、善、惡的分別，因而現象也有升、沉、高、下的不同，從這上面見出有「輪迴」（流轉的另一種意義）的一回事。在婆羅門一系的學說裡，本來要求個人「我」的解脫，並且從輪迴得解脫，所以非破壞業力不可[9]。祭言這樣的學說，對於後來各家的思想發生很大的影響。

佛家談「行」，也是著重人生的相續一方面，自然就同從前的業力學說聯繫起來，並還進一層從人們心理現象找到根據，以為按實行同業的本質，不外乎心法「思」。大乘家發揮此說，將業力看作思的勢力遺存，成為習慣而支配後來的行動[10]。小乘家更把這種力量當作有實質的色法（無表色），而作比較機械的看法[11]。不過佛家的業力說和婆羅門學系不同。婆羅門系用業力解釋輪迴，離不開個人的主體，這無異說有靈魂；佛家恰恰相反，他們採取業力說，乃用來證明「無我」，既沒有個人的自體，當然也談不上靈魂。平常任何一個人的身心結合，生命綿延，一概是業力使之，而離開了相依相待所謂「緣起」的現象而外，再沒有獨立存在能夠作主持指使的[12]。至於人生一期數十年，由於心理作用的發展，其間自有一種意識聯繫前後，構成渾如一體的感覺，而發生了「自我」認識，這正是佛家所謂「我見」。業力感召的主要一環，也正屬於同我見相應的意識。這種意識還有反作用，並非一任業感，隨其飄泊[13]。由這一點，「苦」、「集」等評價就不至無所繫屬，而一期人生也具備相當的意義，不即等於偶然。再從輪迴方面說，佛家初意，側重於道德的責任感。對自，則覺悟到人生的可貴，不使空過，而一切行為都對自身將來有責，絕非一死可以了之，這是輪迴上永感的意義。對他，則覺悟到生存的相依，互生影響，而個人行為應對全體負責，將來業力相酬，無異身受，這又是輪迴上共感的意義。再就自身受到他人的影響而言，則過去人的作為會與當前人生相連貫，而現在所作無異繼續古人業績邁進，責任所在。更不容辭，這又是輪迴上類感的意義。要是從這些意義去體會，佛家輪迴的說法就不能混同有靈魂的因果報應之談。這只要看初期大乘中般若一類的思想，說到菩薩修行時間的久遠，範圍的廣闊，即有「似我」的議論，也是結合一切個體在人生的全部過程裡所有的成就，以他為自地構成一「大我」而言（這如《金剛經》說證道時所得大身）[14]。在這裡，自業和共業，自利和利他，均得著統一的看法，不能用狹隘的、庸俗的靈魂一類的有我思想去解釋的。後期大乘瑜伽學系有「阿賴耶識」的思想，似乎更與實體我執相近，實則它的建立，也多少含有「對治」「為人」等悉檀用意，而在《楞伽經》，就說它是可以用「空」「無相」等範疇來替代著說的，由此也不能拘泥[15]。最後，說到「業感緣起」這裡業的善惡分別，隨順世俗，才以此世後世的損益來做標準；要是歸結於「勝義」，那麼，應該與人生轉識向上一致，由煩惱的囂動趨於寂靜，由煩惱的雜染趨於純淨，那一切行為纔謂之善。

從這裡就見得十二有支上所表示人生另一方面的實相，可說是主要的實相，所謂「苦滅」，或單獨說「滅」。「苦」、「集」兩種判斷無非為「滅」作準備，作依據。所以佛說緣起的定式，不僅是「彼有故此有，彼生故此生」兩句，另外還有「彼無故此無，彼滅故此滅」兩句。由前兩句作前提，纔得著後兩句的結論。在釋迦佛成道後遊行教化所說的義理，當時受教者總結它成為一偈（後世稱它作法身舍利偈，可說無異是被重視為佛的本質）。那偈文就說：「若法從困生，如來說是因；若法從因滅，大沙門亦說」[16]這便是生滅並舉的。如此依著十二有支的次第來說苦滅的實相，是「生滅而老死滅」，一直推上去，到「無明滅而行滅」為止。要是揀重點來說，有支的後半取滅，前半無明滅，也就全體消除了，這算是根本解決的辦法。因此，佛的教人，常常說「心解脫」、「慧解脫」，即是對愛和無明擺脫束縛而言。又常說他自已能勝一切，能知一切，這也是就斷愛和斷無明而言；能斷愛，自不為一切所制伏，能斷無明自不為一切所迷惑了。於此需要說明的，滅「苦」，關涉人生的全程，果然全滅了，豈非人生也隨著取消？據我們理會，佛說人生的轉變是含著「本質不同」的意義，聯繫到身心形式也應有所不同。後世就這一點說有「變易生死」、「變化身」等，無非表示苦滅以後的人生因為本質改變，形式亦異乎尋常而已。但從身心的自然現象依舊相續這一點看，也可說，尋常的人生改變了意義，就不成為原來的「有支」。譬如有支裡的生和老死，是連著愛、取、有而來，現在愛、取、有的意義沒有了，儘管現象遷流，剎那不住，但不再是原來的生死了。依著佛家根本的主張，滅法即涅槃，是現法所得，要現在能夠證知，能夠遊履，那麼，自然的人生現象雖還存在，而依著它的趨向不同、運用不同，從前受著自然規則的拘束壓迫，而現在能夠依據必得其自由，這就可說是「無住涅槃」，而不單純是生死了[17]。由此，又在有支現象上見出人生的「道」的實相。「道」是滅苦的肉，正對「集」而言。「集」的中心在行、在業，「道」亦復如是。佛常說道是「八正道」，即從身口意三方面組織起來，即是身口意三行能得其當為的正向的。這樣的身口意行是「正業」、「正語」、「正思惟」，合攏來為正向的生活即是「正命」。再加以輔助的「正見」、「正勤」、「正念」、「正定」，成為「八正道」。這些同業的有力，有因果酬應一樣，也有它們的勢力，可以發展人生趨向苦滅。這就是在涅槃的全部過程中，有其價值，而成為一種實相的。以上大略解說了「業感緣起」和「四諦實相」。

第二種「受用緣起」，如上文所解，它是在「業感緣起」的基礎上，從認識方面著眼於主客觀交識而成的人生現象，分析得其因果規律來立說的。作這一緣起內容的一切，用佛家的術語表示，是「蘊」「界」「處」三科——萬事萬物的三類概括區分。五蘊最簡略，「十八界」最詳細，「十二處」酌中，但便於說明這一緣起的特徵的，還算「五蘊」。「五蘊」開頭「色蘊」是客觀一邊，最後「識蘊」是主觀一邊，兩邊交涉發生作用是中間「受」、「想」、「行」三蘊。因為識和色的接觸用感覺作它的原始形式，感覺發生以後，不管程度的淺深，範圍的寬窄，必定從受到想，從想到行，順次開展。「受」是領受或領納，它將客觀所生的印象結合主觀，依著生活上的要求，自然有了苦、樂，或者不苦不樂的中庸感受，而區別出喜歡或嫌惡，這就決定了其後心思、行為的趨向，也可以說人們的一切心思行為總離不開受的指導，所以這一類現象可以歸於「受用緣起」之內[18]。要是用四緣的說法來劃分，這緣起的重要是放在「所緣緣」和「等無間緣」兩種上面的。客觀的境色對於主觀心識能限制它緣慮的範圍，並還要求它緣慮的生起，由此境界所緣又是緣，而成了「所緣緣」[19]。其次，主觀思惟分別的開展，它前前後後的種類、分量都相互關聯著，前行的心思大體規定了後起的種類，這是相稱的均等即平等。而它們中間如果別無障礙，那麼，前前引導著後後就一貫而下不會中斷，這是無間，由此構成因果關係為等「無間緣」[20]。合攏所緣和等無間兩類因果來看，可見在這中間不單純是客觀片面地影響於主觀，由於主觀的無間的開展，也逐漸發生反作用於客觀。像從受到行都隨著好惡的心理支配了行為，實際動作就會變革了對象。所以這些因緣所得的結果，不僅是增上的，並還是士用的[21]。從這一點又通得到「業感緣起」。現在變革了的客觀作為當來「所緣緣」的準備，而現在的「所緣緣」係屬從前行為所改變了的客觀。這主客中間的關係即是業感。而從人生的意義上講，人們當前所處的環境無異自業、共業預先作好了的安排，隨著道德感的發達，人們對於以後的境遇安排各自有其道德的責任，不容苟安於現成而不求其變革，所以認清「受用緣起」的法則，是有積極的意義的。

其次，從十二處、十八界的現象上可更深一層了解到「受用」的實際。「處」就發生受用的門戶一義而言，有了主觀「根」的方面和客觀「塵」的方面，門戶打開，就會發生「受用」的交涉。也像平常人事的接觸一般，依著印度的風格，首先見面，其次問訊，再次受沐浴塗香，再次受上味飲食，跟著受臥具侍奉，最後纔來談問題，由這樣的次第安立了眼、耳、鼻、舌、身、意的六根，相應地各列攝取它們的境界，成為色、聲、香、味、觸、法的六塵。這些根塵交涉隨著好惡的反應，很自然地會發展至於攝取客觀的一切來豐富自己的生活[22]。「受用」在這裡便具備消化、滋養的意義，所以從前譯家也翻它作「食」字來表現如此內容[23]。另外，「界」就做受用性質不變的根據的經驗而言。必須先有了「能受用」、「所受用」以及「受用自體」的種種舊經驗，而後繼續起的「受用」才保持它本質的一貫性[24]。從「蘊」「處」「界」這些現象上，我們可以明瞭「受用緣起」是以「能取」（即能受用）、「所取」（即所受用）為根本，而在它後面有個人的我執支持著，又是不待深論的[25]。

就「受用緣起」的現象談實相，是用認識的究竟處「絕對的真」來作標準的。當支持著能所取的自我執著還沒有破除的時候，認識為偏私的見解所蔽，自然無從體認到此。那時所見得的只是「虛妄」，或者用譬喻說它如幻化一般。這並非否認那些對象的存在，更非輕視它們切實支配著人生的功能，不過說明它們的生起、增長、變化純在因緣，誑惑耳目，好像是一成不變[26]，而實際在人生的意義上隨時可以改觀，並還需予以變革的。小乘佛家因為過分重視經驗的緣故，一部分偏向地將這能取所取的一切當作實在[27]。他們雖然藉此沖淡了對於人我的拗執，可是卻換上個法我的僻見，因之在這方面所理會的真實是不夠的，惟有大乘學者才給以正確的解釋。

有關人生受用的現象在認識範圍以內的，何止千差萬別。要說它們的實相，相當於一般所謂事物的「自相」或「別相」，也應有千萬種的不同。但照大乘學者的看法，由圓滿的智慧所得最高的認識，對於一切自相是無不瞭然的。在《法華經》裡就曾用諸佛的智慧境界來作說明，以為只有佛和佛才能得著諸法的究竟相。譯師鳩摩羅什參照了龍樹著作的見解，分析這種實相的內容，具備了體、性、力、用、因、緣、果、報、本、末的十個方面[28]。由此可見這裡所說諸法各自的實相還不能認為純粹客觀存在的區別，只是通過一種共同的實相認識來了解一切事物對於人生實際的各別意義而已。共同實相又係怎樣的呢？這就是佛家常常說到的諸法無有自性的「空」，或者更切實說為「空性」。從原始佛學以來，通用三大綱領來作這空性的分析、說明，所謂「諸行無常，諸法無我，涅槃清淨」。中國譯家因為這些義理即是佛學同其他學說異流的分水嶺，無異於公私文件裡所用的印鑑，便稱呼它們為「三法印」[29]。據三法印而談，一切正確認識的基本體會應該是緣起現象的變化不停。現象的變化隨著因緣起伏，像流水，像燈燄似的無一息間斷，這樣構成的無常也可說是必然趨勢，所以「滅不待因」[30]。在無常的現象上要尋求主觀客觀常一自在的實體，自然是矛盾、不可能。同時那些的本身都用同類分子的和合，或者異類分子的和集，來構成整體的印象顯現在認識上，略加分析便可瞭然它們的空虛無主，而有了「無我」的經驗。再進一層，由於我執的逐漸稀薄以至於根絕，所有煩囂擾動的心理，使人生走向痛苦不寧的行為，都跟著變化了、消失了，終歸於寂靜。這不是說人生活動的停止，而是重新建立起整然的秩序，由此纔會有順理成章的一切行為；最後完成空性體認，達到完全清淨的地步。這正屬佛家理想的究竟處，所謂涅槃的證得，涅槃的遊履，必須現前就可以做到的[31]。

「受用緣起」的一切現象在「空性」的基礎上纔顯現出它們的實相，這始終有待於智慧的體會、領悟，也便是一切實相都存在比較平常、更加殊勝的心思認識中，算是勝慧的境義，所以稱作「勝義諦」。勝義認識的前後以及它過程裡，同一般認識的聯繫或者自他認識的交涉，又須有溝通的途徑，這是另外一種實相所謂「世俗諦」。它在勝義認識的前後，性質當然不同，不過總和勝義被相提並論著而當作「二諦」。如果切實些來分析，會看得出幾重世俗並幾重勝義，像唐人編譯的作品裡就有四真四俗的組織[32]。那中間雖也有些可以商量的地方，但對於應用解釋是極有意義的。現在泛泛地說，不管認識勝義之前之後，世俗同勝義的關係完全建立在運用概念的解釋上。概念從語言說是「名」，從心思說是「想」，只要能正確地運用名想，同勝義配合著，作為溝通自他前後理解的一條道路，便足以成為真實，得名為「諦」。證得勝義以前應用世俗諦，為的是由俗入真，《大般若經》裡時常提到這一層說「不壞假名而說實相」，《雜阿含經》也說及「佛不與世間諍」，這裡所謂世間，應該同勝義相順相成，也像有些論書裡的「世間極成真實」「道理極成真實」[33]。不過要附加說明，這樣的世俗諦只算階梯，不可視為究竟，後來學者也區別它為「覆俗」，即是說意有所蔽的[34]。至於證得勝義以後一樣有世俗諦，卻屬於由真化俗，《大般若經》說它「不動真際安立假名」，意指顯示實相可以做自他理解的聯繫，還不單純是解釋而已。它隨順著世間所理解的種種概念而有所設施、安立，於無方便中作方便，無差別中為差別，這樣發展概念成更高的範疇[35]。由此在真俗二諦互相交涉的一段很長的過程裡，依照「受用緣起」現象的轉變，或者因我執的漸減而受用的意味不同，其間由俗而真，由真而俗，逐步提高，趨向究竟，情形是一再反復而相當複雜，並非僅僅停止在真俗對立的一種狀態便了的。

第三種「分別自性緣起」是印度佛家最後發展的緣起學說。這裡說最後，是因為從此以去，佛家逐漸吸取神祕思想，便失掉它的純粹性，而終至面目全非了。「分別自性緣起」可看作「受用緣起」進一步擴大範圍，涉及整個宇宙人生，要從那上面求得因果轉變的法則來立說的。本來人生的徹底變革必須就全人類著眼，不能不擴大到這樣的範圍，但所謂自性仍舊是人們認識上的事物各別現象，而它的具體內容用五位百法來分類也可以概括無遺[36]。這樣的至性區別的構成，全靠名想即概念的理解，也就是它們自性認識通過了名想纔各各區分的。名想不限於言說，心理上所有表象、觀念，都包括在內，即不會言說的幼稚思想裡同樣有它相類的作用。不過名想的認識一度發生以後，通常有它的餘勢遺留痕跡在心理上，作為再次認識的依據，這無異乎再次認識即從這樣勢力重新發現出來。如此作用，平常謂之「習氣」或「熏習」，而就其能發生再認識的一點說，可以稱作「功能」或「種子」。還有這種習氣在遺留的中間，受著其他名想理解的影響，會不自覺地演變、發展，而增加它的力量，到達一定程度便有再發現的趨勢，這種過程叫作「轉變差別」，就是不同的轉變[37]，以上所解不用說是側重在主觀心理方面，並且特別注意到前後認識的一致乃至自他認識的統一等等的依據所在，也可說是有關認識的社會性的。

有一部分大乘學者解釋「熏習」同「意識」的關係，很重視熏習勢力的如何保存，於是就人們所有人格統一的意識狀態，用世間庫藏的貯存方式來理會意識上面的熏習，不過以為是無形的作用並沒有痕跡可尋的[38]。又有強調認識上表象的意義的，便說認識所得的只有表象，甚至說表象只是意識本身的投影，不必有客觀的實在。這些都屬於「唯識」的學說。「唯識」一名詞原語為「毗若南補底」（Vijnyapti）指的是意識有所表白的狀態[39]。很容易引申出極端的解釋，需要好好地加以辨別。至於從有關唯識的「分別自性緣起」現象上體認實相，依然要看表象是否同本質相符，以及本質自身存在的價值如何等等問題而決定。內容錯綜，便結構成為「三性」。

概括地說，在人們正確的認識還未完全圓滿的階段裡，隨處有關於「人我執」的偏私，又有關於「法我執」的僻見，對於事物所得的價值判斷離不開周遍計度，或者說只有周遍計度，而它用為主要依據的不外名想，所以也可說所得的是從名想構劃成功的自相。這不能表白對象的本質，而積習成性，反在本質上加了一重虛妄的蔽障，因此謂之「遍計性」。依據遍計分別指導行為，既不符合實際，因而招致苦痛、顛倒，始終局限於「業感緣起」的「苦」、「集」，「受用緣起」的「二取」虛妄的範圍。假使對這一層有了覺悟，藉著對治的途徑作有意識的矯正，那麼，逐漸輕減了乃至滅絕了有關人法的執著，就不再落於名想虛構的窠臼，而會得著對象本質的認識了。這正對執著的根源來說，首先體會到的是事物生起藉待因緣，並非原有整體自然出生的。在因緣相續的中間，雖然各別現象保持著比較固定的形式，但不能即作決定的看法以為絕無變化，由此得著現象的一種評價，所謂「依他性」，即是沒有自體的性質。它和名想無必然聯繫的關係，有時超脫了名想分別纔更親切地理解到它的實在，所以也稱作「離言自性」。就由這樣的理解習慣了，確定了，在認識上對象本質的顯露便同人生的正向相一致，它的實相是由「苦集」而「滅道」，由「二取」而「無取」，這些從雜染到清淨，逐漸在轉變著，是要通過實踐而建立增長以至於究竟圓滿的，因此稱這方面的實相為「圓成性」。三性的實相即以「圓成」作最高的標準，「遍計」和「依他」在染淨轉變裡有相對的實相意義，完全由於能夠隨順「圓成」而說。從前學者也有依著三性認識的步驟作了這樣的譬喻：如同在黑暗裡見著繩子而誤認為蛇，這是「遍計」的評價；明白了是繩得著「依他」的評價；再分析繩的本質為麻而了解它的真正性能，纔算究竟的「圓成」評價[40]。

綜合以上所說三種緣起，從「業感」到「分別自性」，也就是從個人生存的體驗到全體人生的變革。所有對象的緣起法則可說是大致包括了。又對於實相的認識從部分的「苦集」到全體的「圓成」，也可說是範圍廣闊了。在它們中間始終貫穿著實踐的、變革的意義，而這一轉變的關鍵又都見得出在於人生向上的自覺，這是應該特加注意的。

一九五四年四月六日至五月六日改寫稿

《現代佛學》一九五四年五至六月

1 唐譯：《瑜伽師地論》卷三十八〈菩薩地力種姓品〉，五明處段。
2 唐譯：《攝大乘論》卷一「所知依分」緣起段。
3 同上。
4 宇井伯壽著《佛教思想研究》五二頁。
5 宇井伯壽著《印度哲學研究》第二卷三一八頁。
6 隋譯：《佛本行集經》卷十四〈出逢老人品〉、卷十五〈道見病人品〉、〈路逢死屍品〉。
7 唐譯：《大毗婆沙論》卷二十四「補特伽羅納息第三之二」。
8 宇井伯壽著《印度哲學研究》第二卷，二六三—二六八頁。
9 宇井伯壽著《印度哲學史》（岩波本）四二—四三頁。
10 唐譯《大乘成業論》。
11 唐譯《俱舍論》卷十三〈分別業品第四之一〉。
12 同上論卷三十〈破執我品〉末段。
13 這是指「藏識」為欣涅槃的原因而言，參照宋譯《勝鬘師子吼經》第十四段「說自性清淨心密意」。
14 隋譯《金剛能斷經論》卷下「為入證道」一段。
15 宋譯《楞伽經》卷二「如來藏」段。
16 隋譯《佛本行集經》卷四十八〈舍利目連因緣品下〉。
17 山口益譯安慧造，《中邊分別論釋疏》第四〈對治修習品〉末頌釋，二九八—二九九頁。
18 山口益譯安慧造，《中邊分別論釋疏》第一〈相品〉第十頌「第二有受用」句釋文，五四頁。
19 淨譯《觀所緣論釋》第六頌釋文。
20 唐譯《雜集論》卷五、釋等無間緣段。
21 唐譯《瑜伽師地論》卷五、「有尋有伺等三地」，十因四緣五果段。
22 唐譯《雜集論》卷二、釋蘊等次段。
23 唐譯《大乘莊嚴經論》卷三、說諸佛三身段。
24 唐譯《雜集論》卷一、釋何因果唯十八段。
25 同論卷三、廣分別能取所取段。
26 宋譯《楞伽經》卷二、惑亂有無段。秦譯《中論》卷二、〈觀行品〉釋第十二頌虛誑妄取段。
27 秦譯《成實論》卷二、十論中各品。
28 本田義英著《佛典的內相與外相》第十二篇，關於「十如」的疑義。
29 宇井伯壽著《佛教思想研究》，三一八頁。
30 唐譯《顯揚聖教論》卷十四、〈成無常品〉。
31 宇井伯壽著《印度哲學研究》第二卷、二二九—二五八頁。

32 唐譯《成唯識論》卷九、解世俗勝義段。
33 唐譯《辨中邊論》」卷二、〈辨真實品〉釋世間極成第一段。
34 義淨著《南海寄歸內法傳》卷四、「西方學法」章。
35 唐譯《大乘廣百論釋論》卷十、釋虛妄分別縛段。
36 義忠著《百法明門論疏》卷上。
37 唐譯《唯識二十論》識從自種生頌釋文。
38 唐譯《攝大乘論本》卷一、安立此相段。
39 荻原雲來《二十頌成唯識論和譯》附註。
40 唐譯《攝大乘論本》卷二、「入所知相分」如何悟入段。同論、無性釋，卷六。

觀行與轉依

在這裡，我們要談一些有關佛家實踐的原則性的問題。依著大乘佛學的精神，這些原則都應該用來貫串一切行事，範圍是非常寬泛的。先說實踐的總內容，可以「觀行與轉依」一命題概括了它。佛家實踐全程所經的各階段，都和智慧分不開來。像它開始的「勝解」，相繼的「加行」，一概由智慧來指導、推進，乃至最後究竟的「正覺」也以智慧的圓滿為標準。還有，佛學看作行為規範的「八正道」即以對於實相的正確知解（即「正見」）發端，而推廣到「四攝」「六度」也以高度的智慧（即「般若」）為終極。這樣由智慧構成的見解所謂「觀」，便始終和「行」聯繫著，並稱為「觀行」。觀行的效果在於內而身心、外而事象（在認識上作為對象的事物），從煩惱的雜染趨向離垢的純淨，又從知見的偏蔽趨向悟解的圓明，隨著觀行開展，提高程度，終至本質上徹底轉變，這便是「轉依」，它又是和觀行密切相關的。所以，現在說「觀行與轉依」，便可概括了佛家實踐的全體內容。

其次，分別地來解釋一下。在「觀」的一面，最應注意的，是它以「中道」為特徵。本來印度佛家的初興，當時流行著各式各樣的偏見，不容不嚴格地加以批判，因此佛家的議論、行事，隨處都表現著中道精神，到了見解上，尤其顯然[1]。所謂中道的「中」，只作「執中」解，並不同於「折中」或「中庸」。這樣中道的見解即是「中觀」，它以事象的實相做境界，連帶著具備辨證的性質。像我們在「緣起與實相」那篇稿子裡所講，各種實相可以「絕對的真」作中心，它的意義具體表現於「三法印」即「諸行無常、諸法無我、涅槃寂靜」的上面。與三法印相應的見解，必定著眼於變動的（這和無常相應）、相依的（這和無我相應）、趨淨的（這和寂靜相應）情況，而體會到一切事象念念起滅不停，同時又互相關聯互相影響而非獨立孤往，並且那樣變化絕不是偶然的，是為著人生的淨化、向上，儘管千迴百折，總要走上一定的道路。那麼，結合了人和事，依照實相，得著正確的認識，自不能再同於世俗的偏見，卻從世俗所見相反的兩端裡，由「不二」法門得其統一，如此構成辨證的性質。這在龍樹一系的大乘學說裡，表現為「空觀」。他們應用「八不」的否定方式，對於內、外、有生、無生的現象也就是自然的、社會的、思惟的一切現象，詳細分析，發現它在理解上的矛盾處，再一一予以批判，而得著實相[2]。稍後的「無着」學系，發展了這樣的中觀，加以概念認識和實踐行為的辨證的統一，更豐富了它的意義。他們區別概念為世俗的（只是世人所公認的），和世俗諦的（並且與實相相隨順的），性質各各不同，所以要揀擇運用，配合著克服煩惱和偏見，逐漸達到圓滿的認識，同時也淨化了行為，這樣就有種種真實義，像「世間極成」的、「道理極成」的、「煩惱障淨智所行」的、「知所障淨智所行」的等等，自成一類中觀境界[3]。最後，他們更用「唯識觀」為方便來貫通這一切；藉「唯識」一概念，掃除了各種偏執，再一轉折構成完全的中觀[4]。

這樣，我們可以說佛家的「中觀」是辯證的，因為它一方面能夠如實地了解事象，而事象實際必然是辯證的開展，這就規定了「中觀」的性質。另方面，「中觀」的方法著重在把握思惟的辯證規律，而善巧地運用它，克服認識上的各種錯誤，這尤為構成「中觀」辯證性的重要原因。在佛家看來，正確的思惟是遵循分合比較的途徑而始終帶著否定的傾向的。如果隨順此一傾向，逐步開展，可以獲得更高度、更完全的認識。印度古代吠陀哲學家就有過藉著否定方法解釋宇宙最高原理的，不過還偏於抽象、玄想。佛家中觀結合著人生實踐，覺悟了各種偏私之見——像常、斷、有、無等，兩兩對待，都足以障蔽事象實相而妨礙了人生根本要求——常樂我淨的實現。因此，他們要「離四句」「絕百非」，消滅一切偏見，歸宿於「無二」。這不僅是體會實相應該如此，並且要解決人生問題也捨此莫由[5]。所以，中觀的辯證性是出於思惟和實踐上的要求，不容不爾，可以無疑。但是，現在要問的它是否也用唯物的觀點呢？這就不能一概而論。在佛家的思想體系裡，可以說並沒有純粹的宇宙觀，他們對於宇宙的實體是心是物，很少明確的解釋。發展向極端的唯心識說，似乎很像多元的客觀唯心論了，但剋實說，它是一種「唯表象」的意義，限定在認識的實踐的前提上立論，並非去談宇宙的實體。只要看他們對於一切事象所作種種的類別，像「蘊」「界」「處」等，無一不是聯繫主客觀在認識上的關係的，也就可想見一斑了。卻是，即因此故，他們的理論裡常常含蓄著可向唯心或唯物發展的論點，各家學說既不一致，也很夾雜。大體說來，在緣起說上承認「業感緣起」為實踐的基礎，重視「存在」為所緣緣的意義，而又依照「般若」的法空無自性說，平等地看待一切事象的性質，這一類的見解，可說是更接近於唯物的。

再說佛家的「行」，它的全體是用戒、定、慧三學貫串著的。不管形式上是「八正道」或更廣而為「三十七道品」，是「四攝」或更廣而為「六度」，分析它們的實質，總不出於三學[6]。在三學中間，並還以慧為主體，戒定為方便。小乘佛家對於三學，通用先後次第的看法；到了大乘，戒、定都歸於慧，三學便一氣呵成了。在小乘，戒、定還只是機械的、有限性的規範，而大乘講戒、定，很靈活地運用，便不但滲透於一切行為，並且支配著一切行為了。這些優劣點比較[7]，現在不詳談，只就大乘如何靈活運用戒定擴大效力的一點，略加解釋。

先解「戒」。佛家立戒的用意，為的是對治煩惱，由煩惱寂靜而得著清涼，故稱「尸羅」（此如戒的原語，有清涼意義）。小乘於此，專用抑制的手段來養成不會發生惡行的習慣。這是正面對付煩惱的辦法，必須明顯的煩惱起來才會有效。要從積極的方面說，不避煩惱並還有克服煩惱的意義，這樣的戒即非小乘所能想像，但在大乘卻正以這些做戒的主題。譬如小乘戒重在解脫生死，推究生死的本源為貪欲，為了斷除生死，他們的戒本開宗明義第一章便是戒婬欲。小乘這樣狹隘的限制了貪欲的範圍，其實貪欲的發展，通過了自私自利的途徑的，它的害處比起婬欲來不知要大得若干倍。所以，大乘戒的學處卻用「自讚毀他」為第一條。凡是圖謀一己的利益，不惜妨礙他人、侵害他人，乃至毀壞他人，都從這一類自私型的貪心發生，而成為斬斷一切善行的根本，因此無得異說的要放它在一切戒的開端。由這上面可見小乘戒只就自身著想，而大乘戒則是聯繫著自他全體的。再進一層，將這條戒連到慧的成就上說，還有其更重要的意義。人們對於人生實踐的真知灼見，絕非由少數人的悟解便能獲得完全，而必須依賴大眾智慧的積累，所以虛心地向他人吸取經驗，逐漸擴充，逐漸深厚，才會到達完全的地步。那麼，破除一己的成見；以為吸收他人智慧準備自是要著，而「自讚毀他」的惡習就非最先消滅不可了。由此可見這條戒是一直貫串到智慧上去的。所有大乘的戒律大都含著這種意義，我們用菩薩藏教授法門中菩薩正行對照著看，便可以明瞭[8]。另外，小乘戒有「止持」「作持」兩類，似乎不全是消極的，然而所謂作持的「作」，只限於集團生活中所行的規則、儀式等等，並以彼此不相妨礙為主，對於真正的積極意義還不盡相符。大乘戒則不然，它對四攝、六度等當為的各種行動，都從精神上有扼要的啟發、開導。例如有關布施一度的戒，從「不念三寶」這個微細處引起，用意在於除去妨害布施的根本障礙。假如有人對著三寶那樣善法境界一念之微都不肯捨，他怎還談得到為眾生將血肉骨髓一切布施呢？這些地方，注重精神結構，最為大乘戒的特色，其詳可從瑜伽菩薩戒學處逐條去體會[9]。

再解「定」。小乘拘泥形式，只限於住在一種威儀即靜坐的形式，才能集中心思，使成「等持」的狀態，所用方法也不外逐漸消滅尋思，防止散亂的一套，範圍狹隘，可不待言。大乘就擴大了定的意義，乃至心思隨順實相，不拘動靜，都可視為定的一類。所以和「定」相續的「散心」，順理成章，也能發揮定力，影響一切行為，這無異是種「散禪」。無著用七義句解釋《金剛經》，就有這種用意[10]，而我國的「禪宗」通稱「般若」為禪，也很受了它的啟發。要是從這一方面去了解智慧內容「無分別」的實質，便很容易領會它只是離開不應分別的分別，並非一無所知，更非為了避免尋思活動就無所用心的[11]。

由戒、定兩種方便所生的智慧，隨著實踐的進展，通常分作三個步驟：開始是方便的，其次是現觀的，最後是究竟的。因為一切觀行的目的要把握到事物的實相，使實踐和它相應，這樣來完成人生向上的理想。在未能實把握之前，只有用「勝解」作為方便而隨順趣入。勝解即是對於實相的決定理解。它在理論的貫通上，實際的體認上，都須有比較成熟的能力，而後逐漸澄清知解的障蔽，化除情意的偏私，使實相全體顯露，終至獲得親切的把握，這就進入「現觀」的階段。現觀取喻於和人對晤一樣，中間更無隔閡。因為它有了實相的整個體認，所以也稱為「通達」的階段。這一階段只表示前後觀行的變質，屬於突變，時間是極其短促的。在其前，觀行出於理解，其後則純屬實證，以此為界，前後就判然兩途了。跟著現觀來的是究竟的階段，其間實相的認識，是在全體的輪廓內仔細地予以充實，仍有進展的意味。相應的實踐也就從圓滿成就方面，發揮它一分分究竟的作用，這並不能限定到某一點便終止了的[12]。以上所說觀行次第，可謂一往之談，實際也會有輪替的情形。譬如方便的一階段內，有時似現觀，有時又似究竟的，輾轉輪進來開展觀行。像《華嚴經》所說實踐以十地為標準，而在地前有十信、十住、十迴向，各自成一結構，即是發揮此義。另外，有處還說每一階段中間不一定要有明白的層次，仍可用交雜的形式發展，就是每一步驟都能直趨究竟，也能隨應進退，絕不可以固執的。這像《楞伽經》所說的[13]，中國的禪宗也採取這樣的解釋。但是，不管是輪替的或者夾雜的觀行，在它們的過程中，終歸有三種不同的基本性質，則是毫無可疑的。

最後，略說觀行的結果「轉依」。這個範疇是在佛學發展的盛期即無著的時代，才用來替代「解脫」的。它更能積極地表示解脫的本質，並說明如何由基本上解決問題[14]。在此以前，佛家注意到定的功效，可以抑制或消滅下地或下一級的煩惱，而生起或增長上地或上一級比較安靜的心思，以為這在身心的負擔上減輕了粗重感覺而增加了輕安感覺，「依止」轉變，就稱那樣的狀態為「轉依」。但到了無著引用這一範疇，意義便大有不同。它並不限於身心的轉易，又還聯繫客觀事象的變革。要是略加分析，在主觀方面，這是注重認識的質變，而用名想或概念的認識來做關鍵的。名想認識和行為本可有相應的關係，某些名想認識常連帶著為某種行為的準備或助力，所以行為的錯誤常常原於認識的錯誤，而改變了認識也會間接改變了行為。至於一切名想認識相互的聯繫，自成一種系統，又常依著各人生活環境而各有其類型和特點。這在心理方面的基礎，可以從它們存在的依止處——佛家所謂之「藏識」——去了解。因此，只要藏識上名想習氣的染淨種類互有消長，自然發生粗重或輕安的不同感受。而由於人生正向是從染趨淨的，其間逐漸轉變，終至染盡淨滿，身心面貌突然改觀，這樣說為「轉依」。至於客觀事象的一面，不是簡單地從名想認識的轉移便直接有了改變，卻是由認識的不斷矯正，事象實相的顯現益加瞭然，這再引起行動，革新事象，使它更和實相隨順地發展。所以，在認識和行為的聯繫中，主客兩面平行的前進，而真正的轉依即是由這樣的途徑完成的（從前也區別主客為「染淨依」和「迷悟依」，分別解釋，用意大同）[15]。

那麼，「轉依」的動因又是什麼呢？據我們所理解，佛家並未將主客觀各自內在的矛盾一併提到重視地位，而只注意主客觀之間的矛盾，看它作推動轉依的主要原因。他們關於緣起的理論原來從「業感緣起」出發，即是說，人們由個別的和共同的行為積習構成環境，作為生活的基礎，從而限制了生活的一切。這裡存在的因果規律是「業力不可轉」，但是業界的實現仍有待各種條件，所以對於將來可以把握、轉變，並還常常要轉變的。佛家在這一關鍵上，肯定了受著環境限制的人生根本要求不絕發生主客觀間的矛盾，必須有了對於全人生應盡一定責任的覺悟以後，才發起「善法欲」即是淨化人生願望，來逐漸解決矛盾，而開闢出轉依的途徑。

一九五四年六月二十五日改寫稿

《現代佛學》一九五四年七月

1 羽溪了諦著〈中道思想、起源〉（《宗教研究》，新第二卷第六號）。
2 秦譯《中論》卷一，〈觀因緣品〉歸敬頌釋文。
3 唐譯《瑜伽師地論》卷三十六，〈菩薩地真實義品〉首段。
4 唐譯《辨中邊論》卷一，〈辨相品〉入無相方便相頌釋文。
5 涼譯《大般涅槃經》卷八，見佛性段。
6 隋慧遠《大乘義章》卷十，「三學義」攝相段。
7 唐譯《攝大乘論本》卷三，「增上戒學分」、「增上心學分」、「增上慧學分」。

8《寶積經瑜伽釋》（內學院編刻本）一—一五頁。
9 唐譯《瑜伽師地論》卷四十、四十一，〈菩薩地戒品〉菩薩學處及犯處相各段。
10 隋譯《金剛能斷般若經論》卷上總釋七義句段。
11 唐譯《攝大乘論本》卷三，「增上慧學分」首段，又《顯揚聖教論》卷十七，〈成不思議品〉。
12 同10。
13 唐譯《大乘入楞伽經》卷五，〈現證品〉重頌。
14 唐譯《攝大乘論本》卷三，「彼果斷分」。
15 唐譯《成唯識論》卷十，轉依義別段。

結語

呂澂先生，字秋逸。民初即隨歐陽竟無先生研究佛法，亦為支那內學院高材生。不僅天資聰慧，且能刻苦為學。以初級師範之學歷，便獨力閱畢大英百科全書；專憑自修，而精通英、日、法、梵、藏諸種語文。為學精審、踏實，不但考據精詳，且為片語隻字而窮經翻索。先生並身受東、西方治學觀念之啟發，不落古人窠臼。凡有所言，均非輕易，不僅影響當世，並將傳於未來。

先生於法相唯識學頗具心得，並多貢獻。所探索之範圍，不僅漢譯典籍，且擴及梵藏聖典，兼探及其傳承。

中國從來之唯識學，大致以玄奘三藏所傳護法一系為主流。然傳世親之學者，固不僅護法而已。安慧一系，於漢土素來僅有些微隻字片語，而藏文中則多承其說。先生深探藏本「安慧三十唯識釋」，與法人萊維（Syluain Lévi）所發現之梵本對照，發現梵本與藏譯最近，而與唐譯大相逕庭，因認為循安慧釋最能通頌文原意。因著《安慧三十唯識釋略抄》，於介紹安慧一系之說，貢獻甚鉅。

另著，「攝大乘論」為入唯識學之重要典籍，先生詳加比對四譯異文，而作結論說：「凡古學之所特異，皆可於藏本攝論得其確詁，而見其不必一一與今學家言同也。此實藏本論文最足珍重者。」因此重新譯成「西藏傳本攝大乘論」。

先生又曾對照玄奘所譯「觀所緣緣論」、義淨譯之「觀所緣論釋」及藏文本，而譯出「觀所緣論釋會譯」，並比較奘、淨兩家之譯法優劣。《集量論釋略抄》之編，則對照奈塘版及哥尼版。

有關因明方面，歷來即多缺典籍，先生據藏本《集量論》，覆按《正理門論》（古有奘、淨二師譯本）段句，並加審核，完成「因明正理門論本證文」及「因輪論圖釋」，對因明學之研究有重大意義。凡此種種，均可見其引介藏學之功。

先生亦曾對校《雜阿含經》及《瑜伽師地論》，證明大論『攝事分』的《契經事擇攝》實為《雜阿含經》主體的摩呾理迦（本母）。此可見於先生之《雜阿含經刊定記》中。

除此而外，先生對印度佛教及中國佛教，也都下了相當的工夫。一般可見的著作有《印度佛學思想概論》、《印度佛教史略》、《中國佛學源流略講》、〈唐代禪宗學說略述〉、〈試論中國佛學有關心性的基本思想〉、〈起信與禪〉等書及文。其他相關論文還有不少。

另有考據方面之文章，為人熟知的有《宋藏蜀版異本考》、《契丹大藏經略考》、《四十二章經抄出年代》、《禪學考原》、《佛歷年代辯證》、《諸佛滅年代》等文。

先生學養豐厚，範圍亦廣，非只專於一家一宗；而所開拓之研究視野，亦大有益於中國現今之佛教。不徒惟最早治西藏佛學之學者而已也。

本文集所選者，較重在先生對教理的敘述，及對中國佛學的某些基本看法，基本上無法呈現先生學識全豹之一斑。期待日後能見到先生之全部著作出版。

FOR2 56
現代佛法十人—— 八
當代佛學的泰斗　呂澂

系列主編　洪啟嵩、黃啟霖
責任編輯　Y.T.CHEN、Y.A. HUANG
校對　呂佳真、翁淑靜、吳瑞淑、郭盈秀
美術設計　林育鋒
內文排版　何萍萍、薛美惠、許慈力

出版　英屬蓋曼群島商網路與書股份有限公司台灣分公司
發行　大塊文化出版股份有限公司
台北市 105022 南京東路四段 25 號 11 樓
www.locuspublishing.com
TEL: (02)8712-3898　FAX: (02)8712-3897
讀者服務專線：0800-006689
郵撥帳號：18955675　戶名：大塊文化出版股份有限公司
法律顧問　董安丹律師、顧慕堯律師

總經銷　大和書報圖書股份有限公司
地址：新北市 24890 新莊區五工五路 2 號
TEL: (02)8990-2588　FAX: (02)2290-1658
製版　瑞豐實業股份有限公司

ISBN：978-626-95044-5-9
初版一刷：2021 年 11 月
定價：新台幣 380 元

當代佛學的泰斗 呂澂 / 洪啟嵩, 黃啟霖主編 . -- 初版 . -- 臺北市 : 英屬蓋曼群島商網路與書股份有限公司臺灣分公司出版 : 大塊文化出版股份有限公司發行, 2021.11
面； 公分 . -- (For2 ; 56)(現代佛法十人)
ISBN 978-626-95044-5-9(平裝)
1. 呂澂 2. 學術思想 3. 佛教
220.9207　110014044

現代佛法十人——八

MASTERS
WHO
INFLUENCED
CHINESE
BUDDHISM

楊仁山 被譽為「現代中國佛教之父」，開創了當代佛教研究新紀元的劃時代大師。

太虛 提倡人生佛教，發揚菩薩精神，開創佛教思想新境界，允為當代最偉大的佛教大師。

歐陽竟無 窮眞究極，悲心徹髓，弘揚闡述玄奘系唯識學，復興佛教文化不世出的大師。

虛雲 修持功深，肩挑中國佛教四衆安危，不畏生死，具足祖師德範，民國以來最偉大的禪門大師。

弘一 天才橫溢，出格奇才，終而安於平淡，興復律宗，民國以來最偉大的律宗大師。

印光 孤高梗介，萬衆信仰，常將死字掛心頭，淨土宗的一代祖師。

圓瑛 宗教兼通，保寺護教，勞苦功高傳統佛教的一代領袖。

呂澂 承繼歐陽唯識，自修精通英、日、法、梵、藏語，民國以來佛學學力無出其右的大師。

法尊 溝通漢藏文化，開創中國佛教研究新眼界的一代佛學大師。

慈航 以師（太虛）志為己志，修持立學，開創臺灣佛教新紀元的大師。

承繼歐陽唯識，
自修精通英、日、法、梵、藏語，
當代佛學學力無出其右的佛學大師

呂澂生於一八九六年，是歐陽竟無的弟子。

一九一一年，當歐陽竟無擔任金陵刻經處編校出版工作時，當時就讀南京民國大學經濟系的呂澂常去購買佛書，因而結緣。後來呂澂退學之後，一度去歐陽竟無開設的研究部研讀佛法，再去日本短暫研讀美學後，回國擔任教職。

一九一八年，呂澂受歐陽竟無之邀，協助創辦支那內學院，從此遠離世俗，專心於佛學研究與教學。到支那內學院正式創立，歐陽竟無擔任校長，呂澂擔任學務主任，與當時太虛所創辦的武昌佛學院，成為兩大佛教教育中心。

呂澂智慧過人。他自修精通英、日、法、梵、藏、巴利語，研究佛學的視野寬廣，當時無人能及。也因此，呂澂的譯著和著作俱豐；不但能寫作入門書籍，也能有深入研究的專門論述，解決許多佛教遺留的歷史問題。他是繼楊仁山、歐陽竟無之後，依現代學術研究方法，在印度佛教《雜阿含》經典領域能超越日本乃至西方的研究型學者。

呂澂

Net and Books FOR2

NF056 978-626-95044-5-9 NT$380